国家自然科学基金委优秀青年科学基金项目(42022006)
河北地质大学博士科研启动基金项目(BQ2018025)

中国风险投资的空间格局与投资的空间邻近性

徐晓红 著

气象出版社
China Meteorological Press

内容简介

本书在文献搜集、资料整理和社会调研的基础上，依托权威风险投资数据库，使用中国近30年的风险投资机构和被投企业的数据，从空间角度出发，采用回归分析和社会网络分析等方法，定性分析与定量研究相结合，分析了中国近30年来风险投资空间格局的变化及影响因素，通过实证研究验证了空间距离对中国风险投资空间投资决策的影响，并在此基础上探讨了中国风险投资联合投资的城市网络体系。

本书可供地理、资源、金融等相关行业的科研及管理人员参考阅读。

图书在版编目(CIP)数据

中国风险投资的空间格局与投资的空间邻近性/徐晓红著．—北京：气象出版社，2020.12

ISBN 978-7-5029-7362-9

Ⅰ.①中… Ⅱ.①徐… Ⅲ.①风险投资—研究—中国 Ⅳ.①F832.48

中国版本图书馆CIP数据核字(2020)第256972号

审图号：GS(2020)6676号

中国风险投资的空间格局与投资的空间邻近性

ZHONGGUO FENGXIAN TOUZI DE KONGJIAN GEJU YU TOUZI DE KONGJIAN LINJINXING

徐晓红 **著**

出版发行：气象出版社

地　　址：北京市海淀区中关村南大街46号　　**邮政编码**：100081

电　　话：010-68407112(总编室)　010-68408042(发行部)

网　　址：http://www.qxcbs.com　　**E-mail**：qxcbs@cma.gov.cn

责任编辑：蔺学东　　**终　　审**：吴晓鹏

责任校对：张硕杰　　**责任技编**：赵相宁

封面设计：博雅锦

印　　刷：北京中石油彩色印刷有限责任公司

开　　本：787 mm×1092 mm　1/16　　**印　　张**：7

字　　数：205千字　　**彩　　插**：3

版　　次：2020年12月第1版　　**印　　次**：2020年12月第1次印刷

定　　价：60.00元

前言

中国政府近年来大力推动“大众创业、万众创新”，作为创新型经济发展和区域经济增长的重要驱动力，风险投资已经成为中国多层次资本市场的重要组成部分。目前，中国已经发展成为全球风险投资第二大国，仅次于美国。虽然普遍认为风险投资的空间格局呈集聚的分布形态，但是由于制度环境不同，中国风险投资行业的发展与西方国家存在较大差异。从 20 世纪 80 年代中期开始，中国的风险投资行业经历了大约 30 年的发展。长期以来，中国风险投资的空间格局如何变化？受哪些因素影响？空间距离对中国风险投资空间投资决策有什么影响？不同城市之间风险投资的联合投资如何体现城市之间的空间网络联系？这些问题与中国区域创新能力密切相关。研究中国风险投资的空间格局及投资的空间邻近性具有重要的理论意义和现实意义。

已有文献对中国风险投资空间分布的研究大多属于静态分析，缺乏动态分析。虽然研究普遍显示风险投资呈集聚的空间分布形态，但是由于风险投资的制度环境、形成机制、投资行为等都不同于西方国家，中国风险投资空间格局的形成机制必然与西方国家存在较大差异。本书旨在系统分析风险投资机构及投资事件空间分布的变化，探讨中国风险投资空间格局的变化规律及其影响因素。

全书共 7 章，第 1 章绪论，介绍了研究背景，对风险投资进行概述；第 2 章主要介绍国内外相关研究进展；第 3～6 章是本书的核心部分，第 3 章是中国风险投资的空间格局变化及影响因素分析，具体研究内容包括：不同发展时期风险投资机构及投资事件的空间分布、不同所有制属性风险投资机构的空间分布和投资的空间特征、风险投资的空间流动、风险投资集聚的国际比较以及影响风险投资空间分布的因素等；第 4 章是中国风险投资与被投企业之间的空间邻近性研究，该部分研究首先分析中国风险投资机构和被投企业之间空间距离的变化规律，然后，通过实证分析验证中国风险投资机构和被投企业之间的空间邻近性，明确距离对风险投资机构及被投企业之间投资达成可能性的影响，在此基础上，验证风险投资机构属性、投资事件属性以及被投企业属性对该可能性的影响；第5章研究了联合投资能否克服距离带来的障碍，具体研究内容包括：分析中国风险投资联合投资现象，验证空间距离、风险投资机构属性、被投企业属性等因素对联合投资的影响，然后通过比较联合投资和单独投资，验证与距离投资项目较近的当地风险投资机构联合投资是否可以克服远距离对投资造成的影响；第6章是联合投资网络研究，来自不同城市的风险投资机构之间的联合投资在城市之间形成了复杂的城市网络，风险投资的联合投资在风险投资机构之间形成了复杂的机构网络，具体研究内容包括：联合投资的总体城市网络、分区域的联合投资城市网络、联合投资的机构网络等；第7章是本书的研究结论和展望。

本书研究是在北京师范大学地理学与遥感科学学院梁进社教授与潘峰华副教授指导下完成的，并由国家自然科学基金委优秀青年科学基金项目（42022006）、河北地质大学博士科研启动基金项目（BQ2018025）等共同资助，也得益于气象出版社的支持。

由于时间和水平有限，书中难免会存在错漏之处，敬请各位读者批评指正。

徐晓红

2020年10月

目 录

第1章　绪　论

1.1　研究背景

1.1.1　风险投资是金融地理学的重要研究内容

近些年，随着金融全球化和经济金融化的不断深入，金融对社会经济发展的影响力进一步提升，金融业发展对全球经济、政治格局都产生了深远影响(Pike et al.，2010；French et al.，2011)。尤其是2007年全球金融危机以及欧洲债务危机的爆发，金融行业受到地理学界的广泛关注，涌现出大量金融地理学文献(Martin，2011；van Hulten，2012；Pollard，2013)。金融地理学研究开始进入繁荣发展阶段(Amin et al.，2000；Engelen et al.，2009)。在金融活动全球扩展的进程中，金融地理学的研究不断取得新发展，不仅研究主题越来越多样化，而且研究区域范围更加宽广(潘峰华 等，2014b)。

风险投资因为其在金融和经济领域的重要作用而成为金融地理学研究的重要内容之一(Saxenian et al.，2008；Wray，2012b)。Wray指出，风险投资能够成为金融地理学主要研究对象之一，一方面是因为风险投资已经成为发达国家企业家精神和经济发展的关键驱动力，另一方面是因为在经济地理研究经历各种转向(文化转向、制度转向等)的背景下，金融地理学的相关研究正在不断发展(Wray，2012a，2012b)。本书将风险投资成为金融地理学重要研究内容的原因归结为以下两个方面。

首先，风险投资是推动高新技术企业发展的引擎(Florida et al.，1988a)。高新技术企业在创办的过程中，不仅需要有创意和团队，也需要从企业外部大规模融资(祁斌，2012)。一般来讲，股权融资和债权融资是企业融资的两种主要方式(罗立宁 等，2013)。其中，债权融资也称为债券融资，是指企业有偿使用外部资金的融资方式。在债权融资的过程中，融资企业需要承担所融资金的利息，而且，在借款到期后，企业还需要向债权人偿还所融资金的本金。如果是从银行贷款的债权融资方式，企业还需要提供抵押或担保。这对于处于初创期的企业来讲是比较困难的。股权融资是指企业通过增资的方式引进新的股东，企业的原有股东需要出让部分企业所有权。企业通过股权融资所获得的资金，在使用过程中不需要还本付息。但是，新的股东将和企业原有股东一起分享企业股份，分享企业的增长和赢利。相比之下，股权融资比债权融资更适合处于初创期的企业。

高新技术企业发展初期往往都是拥有技术特长的人在资金并不充裕的情况下成立起来的。风险投资不仅为企业带来资本，同时也为企业发展提供企业管理、市场拓展、发展咨询等增值服务。风险投资和高新技术企业之间存在密切联系，一方面，受高科技企业的影响出现了很多优秀的风险投资公司，另一方面，风险投资推动了高科技企业的发展。从某种程度上讲，没有风险投资的存在就没有硅谷的形成和发展，同样，没有硅谷提供的基础和环境，也就没有风险投资(祁斌，2012)。20 世纪 90 年代后半期，美国大约有一半的风险投资都是投向了高科技企业(Martin et al.，2002)。我们日常使用产品的许多公司，比如苹果、英特尔、谷歌和微软等，都是在风险投资的支持下发展起来的(乔希・勒纳 等，2015)。

其次，风险投资对区域经济带动作用已经被广泛认可(Martin et al.，2002；Mason et al.，2002)。20 世纪 90 年代，美国风险投资进入快速发展阶段。1995—1998 年风险投资从 74 亿美元增加到 227 亿美元，1999 年继续急速增长，达到 588 亿美元，2000 年增长到 1043 亿美元(Martin et al.，2002)。风险投资成为美国“新经济”(Norton，2001)的主要驱动力之一，推动了 20 世纪 90 年代美国经济的快速发展。风险投资对区域经济的带动作用主要是通过支持创新型经济的发展来实现的。创新型企业和风险投资之间是相互依存的，一方面，创新型企业的发展需要风险投资的支持，另一方面，风险投资的本质决定了风险投资需要通过投资获取高额利润。因此，风险资本需要深入调查，发现有潜力的投资对象，而企业也应该做好被投资前的准备，使企业符合投资者的标准，从而顺利得到风险投资的支持(Mason et al.，2001)。Mason 等(2001)指出，投资前准备主要包括三个方面：一是企业家对风险投资的态度，一些中小企业中共同存在风险规避的现象，还有约占 4/5 的企业不愿意同外来的投资者分享股权；二是认真准备申请融资的报告，提高获取风险投资的成功率，要确保投资者对项目有很好的了解，从而成功吸引投资；三是项目的投资能力(investability)，项目的管理团队、市场地位、潜在的回报和退出等都是影响风险投资的因素。

西方经济地理学对发达国家的风险投资行业进行了长期研究。大量研究表明，风险投资在空间分布上表现出明显的空间集聚(Martin et al.，2002；Mason et al.，2002；Chen et al.，2010)，风险投资主要集聚于金融中心或创新企业集聚地，如美国风险投资及其投资企业主要集中在旧金山、波士顿和纽约，英国风险投资企业及被投企业主要集中于伦敦和英国东南部。由此可见，区位是影响风险投资的重要因素。

此外，西方经济地理学还对风险投资机构和被投企业之间的空间邻近性做了研究。一些学者认为，距离是影响风险投资的重要因素(Powell et al.，2002；Zook，2002)。因为近距离有助于项目筛选、投后监管以及面对面的沟通。但是另外一些学者认为空间邻近性不重要(Lindgaard Christensen，2007；Fritsch et al.，2012)，他们认为距离在风险投资过程中的作用被高估了，距离造成的影响可以通过与当地风险投资机构的联合投资来克服。两个以上的风险投资机构共同投资一个被投企业的投资被称为联合投资(Lerner,1994)。还有学者指出,风险投资和被投企业之间的距离随时间发展呈倒"U"形,也就是说,在风险投资行业发展的早期,风险投资机构倾向于近距离投资,之后投资范围逐渐扩大,然而,随着行业的不断发展,竞争逐渐增强,风险投资机构重新选择近距离投资(Lindgaard Christensen,2007)。

相比之下,国内金融地理学的研究主要集中在金融产业集聚、金融中心、银行等方面,讨论的核心问题是金融产业集聚的表现及影响机制(林彰平 等,2007;曾刚 等,2008)、金融中心的形成及影响因素(赵晓斌 等,2002)、银行系统的空间系统变化及区域差异(李小建 等,2006;武魏 等,2007;彭宝玉 等,2008)等。国内关于风险投资的讨论主要集中在金融学、经济学领域。虽然有部分经济地理学者已经开始关注风险投资研究,但是空间视角下风险投资研究仍然有待深入。例如,长期以来,中国风险投资的空间格局是如何形成、如何变化的?在中国独特的制度环境下,风险投资的空间邻近性重要程度如何?是否风险规避型的企业更加倾向于邻近投资?空间邻近性对风险承受能力强的企业是否重要?海外风险投资机构不熟悉中国市场,是否更愿意联合投资?是否民营企业风险承受能力更差,更愿意联合投资?这些问题都值得深入思考。

1.1.2 中国风险投资行业快速发展

中国风险投资行业的发展始于20世纪80年代。1985年,中共中央发布的《关于科学技术体制改革的决定》标志着中国风险投资业的开端。同年,中国成立了第一家全国性的风险投资机构,即中国新技术创业投资公司。之后,国务院于1996年发布了《关于"九五"期间科技体制改革的决定》。该决定再次强调要发展风险投资。因此,一些部门开始了在风险投资领域的积极探索。1998年3月,全国政协会议上《关于加快中国风险投资事业的几点意见》的提案受到了政府有关部门的大力支持和社会各界人士的普遍关注。因此,在中国市场上,风险投资事业的发展掀起了热潮。然而,2000年的泡沫危机使中国风险投资市场的发展变得缓慢。但是2003年后,市场逐渐恢复。尤其是2004年中小板的成立和2009年创业板的推出,大大促进了中国风险投资的发展。经过金融体制改革,中国的资本市场正在变得更加完善。同时,中国的经济发展态势能够保持持续、稳定、高速的增长。在这些因素的共同作用下,中国的资本市场也呈现出了强劲的增长态势。

目前,风险投资在中国市场非常活跃,越来越多的创业者、投资者都将其作为重要的金融工具。风险投资已经成为中国多层次资本市场的重要组成部分。清科数据库统计数据显示,截至2013年底,全国共成立风险投资机构8000多家,风险投资机构的投资事件大约20000起。投资在中国市场的高回报率,使中国成为全球资本关注的战略要地。外资风险投资机构进入中国市场,并成为中国风险投资市场的重要组成部分。目前,中国已经发展成为全球最大的风险投资输入国(Aizenman et al.,2008)。

中国风险投资的发展与发达国家风险投资的发展既存在相同之处,也存在差异。相同之处主要存在于以下几个方面。

首先,风险投资行业的快速发展对支持创新、创业、推动高科技和高成长型中小企业发展、实现产业升级、促进经济结构转型优化等都发挥了积极作用。中国许多上市企业都得到了风险投资的支持(Pan et al.,2014a;潘峰华 等,2014a)。新浪、搜狐、百度等互联网企业,诺康医药、先声药业等医疗保健类企业,新东方、学而思等教育类企业等都是在风险投资的支持下成功上市的。

其次,各国风险投资的发展都得到了政府的大力支持。英国政府对风险投资的补贴主要通过"创新资助计划""Smart 计划"和地区性的企业委员会实现。美国政府制定了一系列的优惠政策发展风险投资行业,具体包括:1958 年通过的《小企业投资公司法》使经过审查、核准、许可的小企业投资公司可以享受税收优惠和政府的优惠贷款;1979 年《雇员退休收入保障法》的修改允许养老基金参与风险投资,为风险投资提供了巨大的资本来源;1992 年《小企业股权投资促进法》对小企业投资公司给予了金融支持;此外,美国的投资收益税在 1978 年从 49%降到 28%,1981 年又降到 20%,2003 年从 20%下降到 15%,这些都大大提高了投资者的收益,推动了风险投资业的发展。同样,中国风险投资的发展得到了政府的大力支持。早期中国的风险投资公司大部分是由政府设立并组建的,以地方财政出资为主,例如:1998 年 12 月成立的北京科技风险投资股份有限公司,注册资本 5 亿元,其中政府出资 68%;1999 年 7 月成立的深圳创新科技风险投资有限公司,注册资本 7 亿元,其中政府出资 5 亿元;1999 年 8 月成立的上海创业投资有限公司,首期 6 亿元全部由地方财政出资。除政府出资外,许多大公司、大企业及证券公司也涉足风险投资行业。

中国风险投资的发展也存在不同于发达国家的独特之处。首先,中国风险投资行业发展的制度环境与发达国家存在较大差异。Bruton 访谈了中国的 24 家企业的 36 个风险投资家,指出中国的制度环境造成了风险投资发展不同于西方(Bruton et al.,2003)。Kambil 等(2006)更加详细地指出中国风险投资发展过程中的七个因素:社会资本网络(关系)的重要性、了解公司治理和股东权利、管理知识产权的能力、适应当地商业模式的能力、为年轻公司增加管理和技术价值的能力、法律制度、驾驭复杂制度环境的能力。

此外,中国拥有多种所有制类型的风险投资机构。各种所有制属性的风险投资机构具有不同的投资行为。早期中国风险投资行业发展过程中,海外风险投资机构发挥了很大的作用。20 世纪 90 年代初,美国的国际数据集团(International Data Croup,IDG)、汉鼎亚太、华登国际和新加坡的祥峰投资等初到中国。由于缺乏在中国开展风险投资业务的经验,这些投资机构不断摸索在中国可行的投资方式。其中,祥峰投资与中国科技部开展了合作,汉鼎亚太通过托管中国银行和美国安泰保险公司合作的一支基金进入中国市场。互联网的兴起是国际风险投资机构进入中国风险投资市场的转折点。一批新的投资机构趁势进入中国，如日本的软银集团，美国中经和、华盈基金（TDF）、德丰杰等。2003年市场恢复后，中国的企业再次得到风险投资机构的认可。红杉资本、凯鹏华盈（KPCB）等国际顶尖风险投资机构开始进入中国投资领域。随着中国风险投资市场的不断发展，中国本土风险投资机构也开始兴起。大批国资背景的风险投资机构继续发展壮大，同时也出现了众多的民营风险投资机构。其中，昆吾九鼎就是民营风险投资发展的典型代表。从对昆吾九鼎工作人员的访谈了解到，昆吾九鼎是2007年成立于北京的风险投资机构，其发展模式与海外风险投资机构和国资背景风险投资机构的发展模式有较大的不同。昆吾九鼎的"直营店模式"和"地毯式"项目搜索模式，表现出民营风险投资机构在风险投资领域的顽强生命力和强大竞争力。

研究中国风险投资空间分布的变化及投资的空间邻近性具有现实意义。Zhang（2011）第一次系统地使用地理学方法，研究了中国风险投资的空间动态和区位等级。他指出，中国风险投资机构呈集聚的空间分布形态，主要集中在北京、上海、深圳及杭州等城市。鉴于中国风险投资行业的复杂性和独特性，现有地理学对风险投资的研究还存在很多不足之处，如缺少对风险投资行业空间格局全面系统的动态分析、风险投资的空间分析没有紧密结合中国独特的制度背景、缺乏探讨距离对风险投资机构空间投资决策的影响、缺乏对联合投资网络空间特征的深入分析等。因此，中国风险投资的空间格局及投资的空间邻近性等相关研究有待进一步深入。

1.2 风险投资概述

1.2.1 风险投资的概念

目前，风险投资的概念还没有统一的定义，比较具有代表性的有以下几种解释。

（1）根据世界经济合作与发展组织（OECD）科技政策委员会于1996年发表的《风险投资与创新》研究报告，风险投资是一种向极具发展潜力的、新建的中小企业提供股权资本的投资行为①。

（2）欧洲风险投资协会（EVCA）将风险投资定义为：一种由专门的投资公司向具有巨大发展潜力的、成长型、扩张型或重组型的、未上市企业提供资金支持，并辅之以管理的投资行为②。

（3）美国风险投资协会（NVCA）将风险投资定义为：由专业人士提供的资金，该专业

① OECD，1996，"venture capital and innovation"，WP IV-98（OECD，Paris）。

② http://www.evca.eu/。

人士对新兴的、迅速发展的、有巨大发展潜力的企业进行投资，并参与管理的一种投资行为[①]。

企业的股权融资有两种形式，即风险投资（venture capital）与私募股权投资（private equity）（Mason et al.，2002；Zhang，2011）。风险投资和私募股权投资都是企业的权益性投资，通过对企业投资，获取企业一定的股权，然后通过上市、并购或管理层回购等方式，出售持股获利。但是严格意义上说，二者是有区别的。按照欧洲风险投资协会（EVCA）的解释，风险投资是投资初创阶段的企业，而私募股权投资是投资成熟的、拟上市的企业。

对于中国而言，风险投资和私募股权投资两种形式的投资都是新兴的，仍处于不断发展的中国市场和日益变化的监管环境的调整期，二者的界限不是很清晰（陈永坚，2007）。二者在投资领域经常出现交叉投资，私募股权投资也有投资初创企业的现象，风险投资也会投资拟上市企业。国内对于风险投资也一直没有统一的定义，中国的风险投资也叫创业投资、风险资本等。因此，本书对风险投资的定义是广义的，泛指投入到新兴的、发展迅速的、有巨大竞争潜力和发展潜力的企业中的一种股权资本，既包括风险投资，也包括私募股权投资。

1.2.2 风险投资的特点

一般来讲，风险投资具有以下几个特点。

（1）所投行业都是高速成长、资本效率高的行业。行业的高速成长靠的是创新的技术和创新的商业模式（祁斌，2012）。与传统产业不同，风险投资所投行业（从电脑和软件开发到互联网和通信设备）都是高速成长、资本效率高的行业。从企业类型来看，风险投资选择中小企业也是因为中小企业的高成长性。

（2）风险投资风险大、回报率高。风险投资的风险主要来自于投资对象。拥有高新技术初创企业的创始人，往往都是高新技术领域内具有很出色的技术专长的人，这些人缺乏现代化企业管理经验和经营理念。除此之外，这些高新技术初创企业的新技术能否在短期内转化为实际产品，能否被市场接受，都是不确定的。所以，风险投资对这些企业的投资具有高风险性。但是，不容否认的是，风险投资的高回报率。一旦高新技术企业经营成功，能够给投资者带来丰厚的利润。

（3）风险投资不仅为企业带来了资本，而且为之提供经营管理服务。风险投资机构的人员组成专业且全面，他们不仅拥有很强的技术背景，同时他们也拥有专业的经营管理知识。因此，风险投资机构既是投资者，又是经营者。风险投资机构的知识背景和团队特征，能够保证他们很好地理解高科技企业的商业模式，把握市场发展规律，能够帮助创业

① http://www.nvca.org/。

者改善企业的经营和管理。风险投资机构与被投企业之间保持着密切的联系，如通过管理报告、企业定期访问、担任企业董事会成员等参与企业日常的经营管理，保证资本收益最大化。

(4)风险投资是一种长期的权益资本。股权融资的方式中，风险投资机构可以在被投企业中获得一定比例的股份，分享被投企业的增长和赢利。一般来讲，被投企业将科研成果转化为产品，然后生产和销售，需要一个长期的过程。所以，风险投资是一种长期的权益资本。但是，风险投资的目的并不在于最终拥有和控股企业，而是为了盈利。当被投企业发展成熟，风险投资的资本实现了增值后，风险投资机构会通过企业上市、并购、清算等方式退出投资。

1.2.3 风险投资的投资流程

如图1.1所示，风险投资流程主要包括获得项目流、初步评估、尽职调查、设计方案并撰写投资备忘录、参与投标、谈判投资协议条款、最终批准和完成交易、交易后的管理、投资退出等几个环节(周炜，2011)。

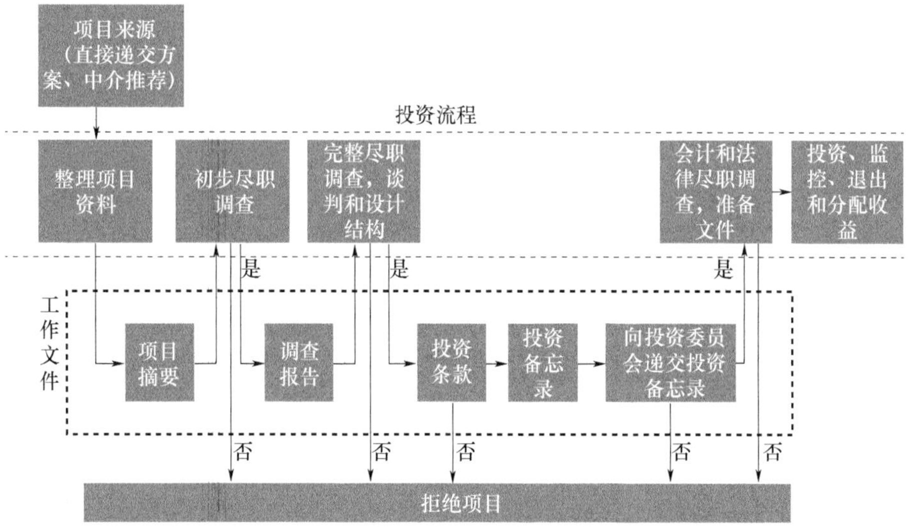

图1.1 投资流程图(周炜，2011)

1.2.4 风险投资的行业发展阶段

风险投资最早是从美国发展起来的。20世纪40—50年代是美国风险投资的萌芽期。早期风险投资操作非常简单，以个人投资为主。几个人凑钱一起投资，如协议的制定、股份的分配等操作都很简单。随着行业的逐渐发展，风险投资也越来越专业化，投资的领域越来越宽，投资的团队在财务、运营方面的经验也越来越丰富。

1946年，美国波士顿联邦储备银行行长 Karl Compton 和哈佛商学院教授 Georges F. Doriot 共同创建了世界上第一家风险投资公司——美国研究与发展公司（American Research and Development，ARD）（Aizenman et al.，2008）。美国研究与发展公司的成立是风险投资发展史上的一个重要里程碑，标志着现代意义上专业化与制度化的风险投资开始。总体来看，美国风险投资的发展大致经历了如下几个阶段：20世纪50—60年代兴起，70年代缓慢发展，80年代开始起飞，90年代进入快速发展阶段（Martin et al.，2002）。

欧洲风险投资的发展晚于美国。在20世纪80年代，英国的风险投资才有所发展，而欧洲其他国家风险投资行业的发展更晚。直到20世纪90年代末，欧洲委员会才开始采取措施，大力发展风险投资行业（Martin et al.，2002；Mason et al.，2003；Sunley et al.，2005）。风险投资行业的发展促进了欧洲中小型创新企业的发展，加速了欧洲经济增长（Martin et al.，2002；Sunley et al.，2005）。

随着风险投资对区域经济增长和创新型经济发展的推动作用在更大范围内得到认可，风险投资的国际化发展趋势日益显著（Megginson，2004；Aizenman et al.，2008；Schertler et al.，2011；Wang et al.，2011，2012）。除了美国、西欧以外，风险投资在加拿大、以色列、日本、中国、印度等国家都取得了发展。

从投资行业来看，风险投资行业的发展经历了以下几个阶段。

（1）20世纪60年代末至70年代早期

这期间，美国出现了很多半导体公司和信息技术（information technology，IT）公司。这些公司成为风险投资的主要投资对象，如英特尔和爱特梅尔公司（Atmel Corporation，ATM）就是在此期间得到了风险投资的支持而发展起来的。

（2）20世纪70年代中后期

这是个人电脑（personal computer，PC）和工作站的时代。第一批做PC和软件的企业都是在这个时期出现的，如苹果公司就是这个时期的代表，它也是在风险投资的支持下发展起来的。

（3）20世纪80年代

网络与通信设备类的公司开始兴起。风险投资开始投资网络公司，如世界500强之一的思科等。

（4）20世纪90年代初

这期间出现了大量科技、媒体、电信（Technology、Media、Telecom，TMT），或者叫作信息传播技术（Information Communication Technology，ICT）行业的公司。互联网公司成为风险投资的投资对象，以雅虎、谷歌、Facebook等为代表。此外，该阶段一些新能源和能源储存的清洁科技公司，水处理、固废处理的环保类企业，新材料、节能类企业，医疗保健技术等领域内的大企业也逐渐发展成为风险投资的主要投资对象之一。

(5)21 世纪初至今

风险投资行业进入高速发展时期。来自不同国家和地区的风险投资机构在全球范围内投资,投资对象进一步拓展。

1.3 研究方法和技术路线

(1)资料与文献综合分析法。本书研究基于对行业研究报告、企业调研材料、文献资料等的综合分析,提出研究问题。在早期资料的准备过程中,本研究从清科数据库获取了历年行业发展报告,通过对行业发展报告的整理和分析,对风险投资行业有了较为深刻的认识。同时,对 13 个国际权威地理学期刊① 1980—2013 年的金融地理学文献进行了检索,共计 245 篇,其中包括对风险投资的相关研究,从而掌握了经济地理学风险投资的研究基础。

(2)社会调查法。风险投资机构区位选择以及风险投资机构对被投企业的投资决策,这些行为都是在对信息进行综合处理分析基础之上进行的。社会调查是本研究了解行业和企业的前提。本研究采用的社会调查主要是半结构访谈。访谈对象是风险投资行业从业者,问题涉及风险投资机构的区位选择,以及风险投资机构在选择投资目标公司和联合投资伙伴时考虑的因素等。通过对企业和风险投资机构的调研和访谈,了解投资者的想法和具体操作有助于更好地理解风险投资的投资行为。

(3)定性分析和定量研究相结合。通过定性分析,从空间视角出发,研究中国风险投资的格局及投资的空间邻近性。清科数据库是中国股权投资领域比较权威、全面、精准、及时更新的专业风险投资数据库。本研究通过该数据库获取了不同时期风险投资机构和被投企业的数据,奠定了本研究的数据基础。然后借助《中国城市统计年鉴》和互联网将数据完善。采用 ArcGIS 空间分析及制图、SPSS 统计分析、社会网络分析等方法对研究内容进行定量测度及评价。

本书研究技术路线如图 1.2 所示。

---

① 13 个期刊分别为《Economic Geography》《Journal of Economic Geography》《Annals of Association of American Geographers》《Urban Studies》《Regional Studies》《Applied Geography》《Professional Geographer》《Progress in Human Geography》《Geography Compass》《Growth and Change》《Geoforum》《Environment and Planning A》和《Transactions of the Institute of British Geographers》。

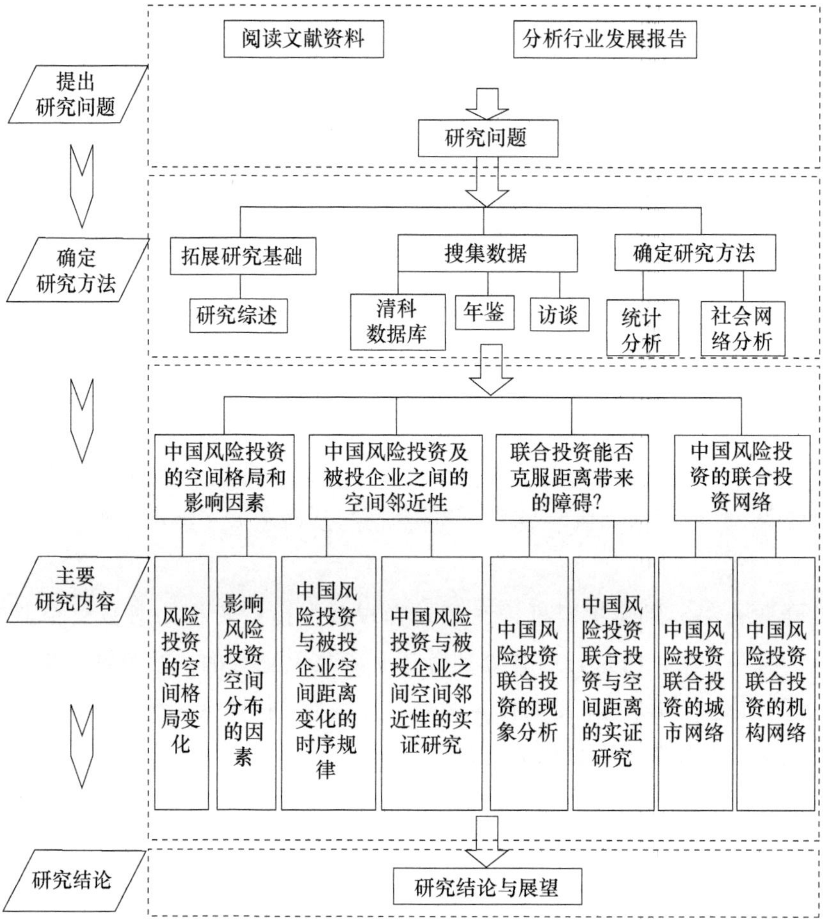
阅读文献资料
分析行业发展报告
提出研究问题
研究问题
确定研究方法
拓展研究基础
搜集数据
确定研究方法
研究综述
清科数据库
年鉴
访谈
统计分析
社会网络分析
中国风险投资的空间格局和影响因素
中国风险投资及被投企业之间的空间邻近性
联合投资能否克服距离带来的障碍?
中国风险投资的联合投资网络
主要研究内容
风险投资的空间格局变化
影响风险投资空间分布的因素
中国风险投资与被投企业空间距离变化的时序规律
中国风险投资与被投企业之间空间邻近性的实证研究
中国风险投资联合投资的现象分析
中国风险投资联合投资与空间距离的实证研究
中国风险投资联合投资的城市网络
中国风险投资联合投资的机构网络
研究结论
研究结论与展望

图 1.2　技术路线

第 2 章　国内外研究进展及启示

风险投资是金融市场的重要组成部分，最早形成于发达国家。经过长期的发展，风险投资在创新型经济发展和区域经济增长中的重要作用已经得到广泛认可（Martin et al.，2002）。风险投资是推动高新技术企业发展的引擎（Florida et al.，1988a，1988b），是美国“新经济”发展的重要驱动因素（Martin et al.，2002）。目前，风险投资在全球范围内取得了快速发展，除美国、西欧以外，风险投资已经遍布加拿大、以色列、日本、中国、印度等众多国家（Megginson，2004）。

作为金融地理学研究的重要内容之一，风险投资的空间视角研究非常重要。风险投资是金融地理学研究的热点。Thompson（1989）首次对空间视角下风险投资的相关研究进行了系统分析，他指出，虽然研究风险投资的文献很多，但是这些文献极少关注风险投资的空间特征、风险投资在城市与区域发展中的作用，因此，他强调要从空间视角研究风险投资。之后，随着全球范围内风险投资行业的发展壮大和影响力的提升，空间视角下风险投资的研究成果不断增加，尤其是国外的相关研究取得了显著的成果。除了研究内容的拓展，研究方法也是学者关注的重点。Wray（2012b）重新对经济地理学中风险投资研究进行了系统的分析，他指出，在经济地理学经历各种研究转向的背景下，空间视角下风险投资的研究也可以采用新经济地理学方法、文化经济方法、关系导向与实践导向的研究方法等。

与发达国家相比，中国风险投资行业起步较晚。直到 20 世纪 80 年代，中国风险投资行业才有所发展。目前，随着经济的快速增长，中国资本市场不断完善，风险投资已经成为中国多层次资本市场的重要组成部分，越来越多的创业者、投资者都将风险投资作为重要的金融工具。由于投资在中国市场的高回报率，中国成为全球资本关注的重要目的地。目前，中国已经成为全球最大的风险投资输入国（Aizenman et al.，2008）。大量中国上市企业都得到了国际和国内风险投资的广泛支持（Pan et al.，2014a）。因此，随着中国风险投资行业的快速发展及经济影响力的不断提升，风险投资行业已经成为学者关注的对象，中国快速发展的风险投资市场为风险投资研究提供了良好的契机。

本章将空间视角下风险投资研究的主要内容概括为风险投资的空间分布及区位特征、风险投资对区域发展的影响、风险投资的区域政策研究、投资的空间邻近性及联合投资研究、风险投资全球化等几个方面。

2.1 风险投资的空间分布及区位特征

20 世纪 80 年代，世界上很多国家的风险投资行业基本上仍然处于萌芽期，然而一些发达国家，尤其是美国的风险投资行业的发展已经具备相当的规模。在此期间，学者已经开始关注风险投资区位及空间分布（Florida et al.，1988a；Martin，1989；McNaughton et al.，1989）。由于风险投资和被投企业之间的紧密联系，学者们在研究风险投资企业的同时，也对被投企业的区位及空间分布进行了详细的研究。

集聚是风险投资及其被投企业最为显著的空间分布形态。美国的风险投资和被投企业主要集中于旧金山、纽约及波士顿（Leinbach et al.，1987；Florida et al.，1988a；Chen et al.，2010）。Florida 等（1988a）明确指出，美国三个主要的风险投资中心分别是加利福尼亚（旧金山-硅谷）、纽约、新英格兰（马萨诸塞州-康涅狄格州），三个次要的风险投资中心分别是伊利诺伊州（芝加哥）、德克萨斯州、明尼苏达州。英国的风险投资和被投企业集中分布在伦敦和英国东南部地区（Martin，1989）。加拿大的风险投资和被投企业主要集中在多伦多，其次是卡尔加里和蒙特利尔（McNaughton et al.，1989）。相比之下，法国和德国（Martin et al.，2002）的风险投资集中度比美国和英国要弱一些，但是法国的巴黎、德国的慕尼黑等城市依然拥有相对较多的风险投资机构及其被投企业。

与发达国家相比，发展中国家的风险投资行业不仅发展起步较晚，而且相关研究较少。然而，随着近些年一些发展中国家风险投资行业的快速发展，相关研究有所突破。Zhang（2011）第一次系统地用地理学方法研究发展中国家的风险投资行业，指出中国不断增加的风险投资和被投企业主要集中于北京、上海和深圳。中国风险投资的发展也引起了国内学者的关注。有研究表明，中国形成了分别以北京、上海和深圳为中心的渤海湾区域、江浙沪区域和珠三角区域是风险投资的集聚地（嵇玲竹，2007；田芸菁，2012）。汪明峰等（2014）以 1361 个投资事件为基础，使用社会网络分析方法研究了风险投资城市网络的空间组织，指出中国形成了以北京和上海为核心节点的投资城市网络。

风险投资和被投企业在这些区位集聚分布主要缘于以下几个方面的原因。首先，金融中心是风险投资和被投企业的集聚地（Florida et al.，1993），如美国纽约、英国伦敦等。风险投资企业集中于金融中心有利于风险投资企业与投资银行、会计事务所、律师事务所等金融机构之间的沟通和联系，如风险投资企业布局在证券交易所附近，这无疑可以为其通过上市退出投资提供便利（Martin et al.，2005）。其次，高技术产业集聚地也是风险投资机构集聚分布的地区（Florida et al.，1993）。风险投资和创新性企业二者之间是相互依存的（Florida et al.，1988a，1988b），风险投资为创新型企业提供资金和管理的支持，促进了创新型企业的快速发展和成熟，同时创新企业集聚的地区也为风险投资企业提供了更多的投资机会，能不断吸引风险投资机构的参与。Florida 等（1988，1993）对美国风险投资的研究表明，资本流动主要朝向建成的高新技术产业区（如硅谷、波士顿的 128 号公路）和金融机构密集区（如纽约、芝加哥）。再者，投资成功率高的地区能够吸引更多的风险投资企业。由于追求高额利润回报是风险投资的重要目标，所以风险投资的区位选择与投资收益密切相关，如投资成功率是影响风险投资企业建立分支机构的重要因素（Chen et al. ,2010），被投企业往往也主要集中在投资机会多、投资回报高的地区（Florida et al. ,1993）。此外，信息、个人关系、专业人才、基础设施和交通成本等都是影响风险投资及被投企业区位选择的因素，如麻省理工学院和斯坦福大学的创新人才就是带动美国 128 号公路和硅谷地区风险投资发展起来的重要因素。

对中国的风险投资研究表明，政府支持力度、金融环境发达程度、外商对风险投资所持的态度、从业人员、第三产业发达程度等因素影响了风险投资的空间集聚（嵇玲竹，2007），政策环境、宏观环境、科技环境、高科技产业环境、金融环境等是风险投资集聚的环境支撑因素（田芸菁，2012）。谢润邦等（2006）指出，风险投资在地域上的集聚性与高新技术产业集群的特点密切相关，高新技术产业集群富集了成长性好的项目、优秀的创业者，先进的技术，这些正是风险投资寻求的对象。赵静梅等（2012）通过对比北京、上海和深圳的基金，证实了地域因素是影响投资行为和投资绩效的重要因素。还有研究表明，风险投资机构声誉、发展阶段、风险投资机构间竞争、风险企业集聚等因素对风险投资机构本地偏好具有显著影响力（王曦 等，2013）。

2.2 风险投资对区域发展的影响

风险投资通过带动高新技术企业的发展实现了区域经济的整体增长。20 世纪 90 年代，美国风险投资进入快速发展阶段。1995—1998 年风险投资从 74 亿美元增加到 227 亿美元，1999 年继续急速增长，达到 588 亿美元，2000 年增长到 1043 亿美元（Martin et al. ,2002）。20 世纪 90 年代后半叶，美国风险投资的 1/3～1/2 都是投资到了高新技术产业部门（Martin et al. ,2002）。因此，20 世纪 90 年代，美国经济快速增长，拉大了与欧洲和日本之间的差距。风险投资作为“新经济”（Norton，2001）的基本推动力才真正被重视。Florida 等（1988a，1988b）指出风险投资被认为是推动高新技术企业发展的引擎，包括半导体、计算机、电脑、生物技术、软件等。世界上许多著名的企业，如英特尔、苹果、微软、雅虎、谷歌等公司都是在风险投资的支持下发展起来的。

然而，风险投资的资本流动存在空间偏好，资本主要流向发展机会好、投资回报高的地区，这种空间偏好在促进部分区域发展的同时，也会给区域外的企业发展带来挑战（Florida et al. ,1993）。在风险投资供给充足的区域，创新型企业因便于获得资金而快速发展起来。与之相对应，产业的良好发展又使本地资金更加充足，能够更好地促进区域创新和经济发展。因此，风险投资供给充足的区域内部形成了循环累积因果效应，区域经济发展步入正向循环，区域更加繁荣(Zademach，2009)。而风险投资短缺的地区存在“资本缺口”(equity gap)(Martin et al. ，2005)，这些地区因为得不到资金支持而陷入经济发展的恶性循环。

此外，风险投资对区域发展的影响存在两面性。Zademach(2009)以德国慕尼黑电视和电影产业集群为例，论述了基尔希集团(the Kirch Group)破产后，风险投资的进入对当地产生的影响。一方面，风险投资的进入扰乱了当地价值链和竞争秩序，原本以信任关系为基础的产业集群转变为以市场关系为基础。另一方面，风险投资以及投资者的进入促进了当地经济结构的转变，有利于新企业的形成和发展。Pike(2006)的研究也说明，外来风险投资机构可能对当地区域发展带来负面影响，他的研究指出，英国桑德兰地区沃克斯酿酒厂(the Vaux Brewery)是当地具有悠久历史的酿酒厂，由于该酿酒厂经营不善，来自伦敦的机构投资者反对当地其他酿酒厂的收购，反而要将其关闭以获取高利润。但是，关闭该酿酒厂会导致当地300多人失业，严重影响了地方经济发展。因此，Pike提出有必要建立根植本地的金融机构以支持地方产业发展。

中国学者强调风险投资对区域经济增长的促进作用。谢碧琼研究了风险投资与区域经济增长的关系，指出要素效应和技术效应对中国东部、中部和西部影响的差异，并指出中国三大区域投资环境之间的差异是导致风险投资区域分布不均匀的重要原因(谢碧琼，2008)。还有研究表明，中国的风险投资对创新具有明显的促进作用(邵同尧 等，2011)，风险投资对长江三角洲地区的产业结构升级具有促进作用(吴成林，2011)。

2.3 风险投资的区域政策研究

经济发展落后地区如何发展风险投资行业是值得研究的重要议题。欧洲风险投资行业的发展比美国落后。20世纪80年代，欧洲认识到风险投资对创新型企业和区域经济增长的重要作用后，开始采取直接或间接的措施支持风险投资机构的设立，成立的风险投资基金包括 the European Seed Capital Fund(Murray，2010)，the European Investment Fund(Aernoudt，1999)等。然而，不同组织在欧洲如何发展风险投资行业的问题上存在一定的争议。欧洲委员会(the European Commission)认为欧洲应该像美国一样发展风险投资行业，使风险投资高度集聚，而经济合作与发展组织(OECD)和一些欧盟成员国则认为应该分散发展风险投资行业，降低区域差异(Martin et al. ，2002)。

这一问题也在学术界引起了广泛的探讨。其中，Ron Martin，Britta Klagge 和 Peter Sunley 等研究人员集中地研究了欧洲，尤其是英国和德国的风险投资政策，他们指出，在欧洲市场不仅缺少高新技术企业，缺少发展良好的高新技术企业集群，还缺少相对应的资本市场(Martin et al. ，2002)。他们认为欧洲也应该像美国(Lerner，1999)那样通过行政措施促进风险投资行业的发展,但是他们也意识到仅仅通过自上而下的政策增加风险投资机构的数量是远远不够的。因为如果当地不具备对有效投资的需求,发展风险投资会使收益很差,所以还应该更加注重区域制度建设,包括服务、技术和良好的被投资项目等,增强对风险投资的需求(Sunley et al.,2005)。他们主张分散布局风险投资机构,并从三个方面分析了建立区域性资本市场是非常有必要的(Klagge et al.,2005)。首先,由于风险投资的投资邻近性特征,区域性资本市场的存在能够使当地的中小企业和投资者受益。其次,区域性资本市场的存在能够使当地资本进入当地的企业,从而促进本地经济发展。第三,随着金融体系的不断融合,区域性资本市场能够在全国和区域之间进行投资效率的优化配置。

此外,Mason 等(2001,2003)就英国风险投资发展的政策进行了详细的研究。解决区域风险资本欠缺的问题不仅要关注风险投资的供应,还要改善风险投资需求。Mason 等(2001)从三方面指出企业应该做好被投资的准备。一是企业家对风险投资的态度。因为在中小企业中普遍存在风险规避的现象,约有 4/5 的企业不愿意同外来的投资者分享股权,这就需要从税收优惠等方面对企业进行激励。二是认真准备申请融资的报告,确保投资者对项目有很好的了解,提高获取风险投资的成功率。三是提升项目的投资能力(investability)。项目的管理团队、市场地位、潜在的回报和退出等都是影响风险投资的因素。Mason 等(2003)还针对英国采取的均衡发展风险投资的政策提出了一些建议,包括应该考虑到初创期的风险投资企业缺乏管理技巧、规模小的基金的生存能力有限、风险投资需求方等因素的制约。在相关政策的指导下,风险投资在英国的分布有所变化(Mason et al.,2013)。其中,风险投资在英国东南部的集中度有所降低。公共风险投资资金增加,且主要投资于米德兰与英国北部,但是成交率较低,而私有风险投资、投资总量大的风险投资仍然集中于伦敦和英国东南部地区。Mason 等(2013)对通过发展公共部门风险投资以带动高新技术企业的快速发展的有效性表示质疑,认为有必要继续研究如何在英国发展风险投资行业。

中国风险投资制度变迁是强制性的、政府主导的(李成 等,2007),一方面,政府的推动加快了风险投资行业的整体发展,另一方面,政府通过制定政策严格地监管和规范行业的发展。地方政府应该集中发展特色经济,积极引导风险投资机构投资当地的优势产业,从而促进区域创新能力的提升(王玉荣 等,2012)。

2.4 投资的空间邻近性及联合投资研究

距离在经济活动中的重要性是地理学者关注的重要内容(Gertler,2003;Storper et al.,2004)。风险投资机构与被投企业之间的距离也是空间视角下风险投资研究的重要对象。

风险投资的投资空间邻近性是广泛存在的。风险投资的投资空间邻近性是指风险投资在选择投资项目时，更加倾向于选择空间距离近的投资项目，也就是说，距离风险投资机构越近的企业被投资的可能性越大。在对美国风险投资的研究中，Zook(2002)指出，风险投资机构为了便于获取企业信息和监管企业发展，更加倾向于近距离投资；他明确指出，旧金山湾风险投资机构的投资范围在“一小时”车程的范围以内。Powell 等(2002)指出，由于隐性知识、面对面交流、跨项目学习和管理能力在对生物技术项目的投资过程中的重要性，1988—1999 年约有一半的美国生物技术项目都得到了本地风险投资的支持。Sorenson 等(2001)用计量方法证实了美国空间距离对投资可能性的影响，即投资于目标公司的可能性随两者之间距离的增加而急剧减少。在对欧洲风险投资的研究中，Jones (2009)证实了英国风险投资企业与被投企业之间的空间邻近性的重要性。Martin 等(2005)指出，随着风险投资和被投企业之间距离的增加，信息的不完整性和投资风险更大，因此英国和德国风险投资的投资项目主要集中在风险投资机构密集的地区。此外，Kambil 等(2006)研究发现，中国的风险投资对距离的依赖性比西方国家更强，这主要是因为“关系”或者个人社交网络的使用在中国的投资中是不可或缺的。个人社交网络可以弥补信息的短缺，投资者和投资对象之间信任、可靠的关系的培育是高度本地化的。研究表明，中国风险投资机构投资过程中存在地理邻近性(李志萍 等，2014)。

联合投资是克服风险投资过程中距离带来的问题的重要途径。联合投资提升了风险投资企业的能力，扩大了投资范围。Sorenson 等(2001)探讨了美国风险投资网络对交易类型的影响，他指出，由于潜在投资机会的相关信息通常都是在一定的地理和产业范围内传播，所以投资范围也定位于一定地理、产业范围内，通过产业之间联合建立起来的风险投资网络使信息可以跨界流动，从而扩大了交换的半径，可以投资更远距离的企业。Fritsch 等(2008,2012)通过对德国风险投资的研究指出，空间邻近性不像想象中或有些文献中描述的那样重要，如果目标投资公司较远，可以选择与距离该目标较近的风险投资机构联合投资从而克服距离带来的各种问题。他们访谈的德国风险投资公司指出，本地投资者是联系本地经济和外部风险投资的重要因素，在选择联合投资伙伴时，是否与目标投资公司空间邻近并不是其考虑的主导因素，对投资规模、风险分担、联合投资伙伴的专业知识以及进入联合投资伙伴的社会网络等因素的考量均在空间邻近性之上。Zhang (2011)的研究表明，在中国投资的境外风险投资机构比国内风险投资机构更多地使用联合投资，高达 77%的案例中包括有位于投资目标公司本地或同一区域的投资者。Wray (2012a)用新经济地理学和关系地理学的方法，以英国东北部和东米德兰地区为例，研究发现两个地区的风险投资网络存在较大差异：英国东北部的风险投资企业较为孤立，不仅企业之间联系较少，与外界的联系也不多，但是东米德兰地区的情况却正好相反，风险投资范围超越了区域界限，风险投资企业利用关系邻近性和空间邻近性进行联合投资的现象广泛存在，而且风险投资家获取投资项目和投资过程中的表现也更有优势。

风险投资与被投企业之间的空间邻近性的重要性依据行业发展阶段、企业属性的不同而有一定的差异。有研究表明，按照时间发展的顺序，风险投资与被投企业之间的年平均距离呈倒“U”形(图 2.1)(Lindgaard Christensen，2007)。也就是说，在行业发展的早期，由于风险投资的投资经验少，可以选择的被投企业较多，风险投资主要在近距离范围内投资。随着风险投资行业的发展逐渐成熟，投资机构的投资经验更加丰富，投资范围开始扩大。然而，在行业发展的成熟期，由于市场竞争程度加强，风险投资开始专注于特定领域的投资，投资更加专业化，投资范围也会缩小。

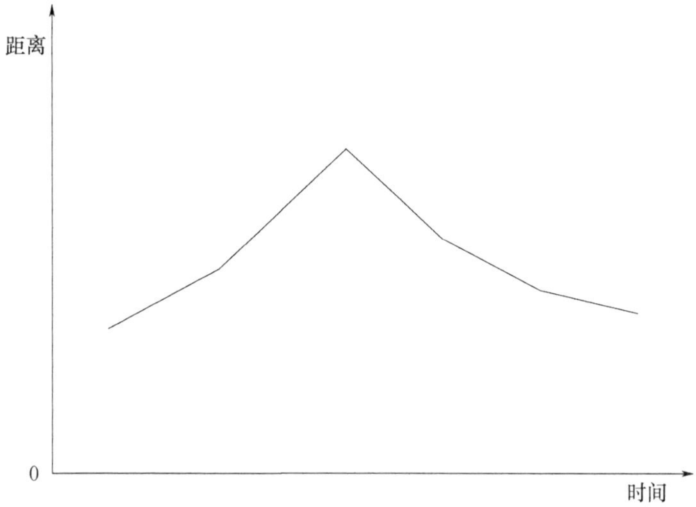

图 2.1　丹麦风险投资与被投企业之间的时间-距离关系示意

(参考 Lindgaard Christensen，2007)

就被投企业而言，依据被投企业所处的发展阶段不同，风险投资机构和被投企业之间空间邻近性的重要程度存在差异。如处于启动阶段的高新技术企业与风险投资企业的空间邻近性比较重要。因为该阶段的高新技术企业缺少资金和管理经验，项目未来成功的可能性还是不确定的，更加需要风险投资的监管(Mason et al.，2002，2003；Martin et al.，2005)。而当被投企业发展成熟、规模较大时，企业的运行和管理比较稳定，风险投资与被投企业之间的空间邻近性的重要程度降低。Powell 等(2002)对美国生物技术企业的研究表明，接受非本地的风险资本投资的企业是发展时间长、规模大的企业，同样，投资非本地企业的也往往是更加成熟、规模更大的风险投资企业。

最后是一些其他因素对风险投资机构和被投企业之间空间邻近性的影响。例如，从风险投资机构的所有制属性来看，政府所属的风险投资机构为了发展地方经济，要考虑被投企业的区位，可能距离被投企业更近。此外，投资公司的年龄、投资行业的运行费用、行业的吸引力、企业家本身等都是影响投资的重要因素(Griffith et al.，2007)。

2.5 风险投资全球化

全球化是风险投资发展的必然趋势(Megginson,2004;Aizenman et al.,2008)。20世纪40—50年代,风险投资行业形成于发达国家,并逐渐发展成为其经济发展的重要推动力。目前,除了美国、西欧以外,风险投资已经遍布加拿大、以色列、日本、中国、印度等众多国家。

风险投资全球化推动了中国风险投资行业的繁荣,中国风险投资行业的空间动态和区位等级很大程度上是来自美国和其他发达国家的风险投资者全球扩张的结果(Zhang,2011)。在中国风险投资行业发展的早期,外资风险投资机构一直是中国风险投资市场的主导,尤其以来自美国的风险投资机构为主。随着中国股市中小板和创业板的相继成立,中国资本市场更加完善,本土风险投资机构取得了快速发展,并最终实现了对外资风险投资的超越。

此外,Saxenian等(2008)对我国台湾风险投资的研究也是风险投资全球化的例证。他指出,台湾小规模、分散的经济能够发展成为20世纪90年代末世界先进的电子产业集群主要源于台湾的风险投资制度化。在台湾风险投资制度化的进程中,那些从台湾通过留学移民到美国,后又在美国风险投资领域和高科技领域工作的专业人员与台湾当地之间的合作发挥了重要作用。20世纪80年代,台湾风险投资企业建立。那些曾在美国求学,后又在硅谷等专业领域工作的专业人员成立了技术协会和校友网络,在他们的帮助下,台湾企业的现代管理水平得到提升,能够紧密联系国际市场。随着大量企业海外上市,台湾企业可以从全球市场获得资本。因此,这些专业技术人员不仅为台湾传递了知识和技术,更重要的是将台湾与全球联系起来,促成了对台湾风险投资制度的改革,大大推动了台湾风险投资行业的发展,提升了台湾高新技术企业的竞争力和市场地位。

跨境风险投资是风险投资全球化研究的重要内容。随着投资范围不断扩大,跨境风险投资已经成为全球范围内风险投资的普遍现象(Wang et al.,2012)。美国的网络泡沫(Aizenman et al.,2008)以及2007年金融危机的发生也迫使发达国家主流的风险投资机构开始在新兴市场寻求投资机会。目前,发达国家的风险投资大批量涌向新兴市场已经成为全球范围内跨境风险投资的显著特点(Dossani et al.,2002)。跨境风险投资的资本流动受多种因素的影响,其中,Aizenman等(2008)指出,距离、语言、殖民关系、人力资源、商业环境、国家军费支出以及金融市场等因素都是决定是否能够吸引到跨境风险投资的重要因素。此外,本地风险投资也对跨境风险投资有重要影响。由于本地风险投资对当地企业、政策、信息等较为了解,因此跨境风险投资通常与当地风险投资进行联合投资。本地风险投资在吸引跨境风险投资中的作用包括对管理建议、合同、对当地情况的了解等(Mäkelä et al.,2008)。跨境风险投资的数量和投资总额随着与当地风险投资之间联系的强度而变化(Tykvová et al.,2011)。影响跨境风险投资在中国市场的表现因素包括本土风险投资的发展以及退出方式等(Wang et al.,2011)。

2.6 小　结

资本市场错综复杂已经成为中国当代经济发展的锋刃(祁斌,2010,2012)。中国风险投资的快速发展引起了学者的关注。Zhang(2011)对中国风险投资空间动态和区位等级的研究指出,中国风险投资的供给和需求主要集中在北京、上海和深圳,Saxenian 等(2008)对台湾风险投资发展的研究揭示了风险投资的全球化,Bruton 等(2003)以对中国 24 家企业的 36 个风险投资家的访谈为基础,分析了中国风险投资的制度环境与西方国家的差异。

目前,国内风险投资的相关研究主要集中于金融学、管理学和经济学领域,包括对风险投资的绩效研究(周伶 等,2014)、风险投资与经济增长(徐勇 等,2012)、风险投资与上市企业表现(张学勇 等,2011;吴超鹏 等,2012)、风险投资与创新(邵同尧 等,2011;王建梅 等,2011)等。虽然也有研究关注中国风险投资的空间分布(嵇玲竹,2007;田芸菁,2012)、中国风险投资的空间投资行为(袁新敏,2012;张海燕 等,2012;张海燕,2015)、中国风险投资的城市网络(邱娟,2012;汪明峰 等,2014),但是总体来讲,这些研究还存在一些不足。例如,空间视角风险投资研究没有紧密结合中国独特制度环境,缺乏对风险投资行业供需双方的空间格局变化的系统研究,距离对风险投资空间决策影响的实证研究不足,缺乏对联合投资空间特征的研究等。因此,经济地理学者需要在风险投资领域做出更多探索。

首先,中国风险投资空间格局的变化是值得研究的议题。中国风险投资行业的发展经历了大约 30 年的时间。20 世纪 80 年代政府主导型风险投资机构成立并不断在发展中摸索经验。20 世纪 90 年代境外风险投资机构的进入为中国风险投资行业发展带来了国际经验。此后,民营风险投资机构的壮大为中国风险投资市场注入了强大的活力。伴随着中国风险投资市场的不断成熟,目前中国风险投资行业已经具备相当规模,为创新型企业发展和区域经济增长发挥了重要的作用。许多著名企业和大量的上市企业,如百度、搜狐、蒙牛等,都得到了风险投资机构的支持。在风险投资行业不断发展壮大的进程中,风险投资及被投企业的分布表现出了显著的空间特征(Zhang,2011)。因此,风险投资的区域差异、城市内部风险投资的微观区位等都值得进一步深入研究。

其次,距离对风险投资空间决策的影响值得进行深入探讨。逐利是风险投资企业投资的主要目的。在投资过程中,投资者的决策受多种因素的影响,如投资者的经历、投资环境、企业经营管理等。中国不同所有制类型的风险投资机构在投资过程中的空间投资行为必然存在差异。因此,风险投资机构以及被投企业之间的空间关系、风险投资机构和被投企业之间的空间距离对风险投资决策的影响、联合投资的空间网络等问题的研究都有待进一步深入和细化。

再次，制度环境的独特性使中国风险投资行业的发展有别于西方国家。中国风险投资行业的发展是在政府和市场的共同推动下进行的，政府的监管较为严格。由于行业发展不成熟、制度建设不完善，在中国风险投资行业的发展过程中还存在政策多变性以及政府对市场的过多干预(张炜东，2009；左志刚，2011)等现象。这些因素能够在很大程度上对企业及行业发展产生影响。此外，个人社会关系网络等多种因素在投资过程中具有非常重要的作用。Kambil 等(2006)明确指出中国风险投资发展过程中的七个因素，包括社会资本网络(关系)的重要性、了解公司治理和股东权利、管理知识产权的能力、适应当地商业模式的能力、为年轻公司增加管理和技术价值的能力、法律制度、驾驭复杂制度环境的能力。因此，理解中国制度环境是在中国风险投资市场取得成功的关键(Bruton et al.，2003)。

第3章　中国风险投资的空间格局和影响因素

3.1　引　言

风险投资是创新型企业发展的催化剂（Martin et al.，2002），通过投资获取企业一定的所有权，并为企业提供咨询、管理和服务，然后通过上市、并购或管理层回购等方式出售持股获利。作为企业股权融资的重要形式，风险投资能够推动并加快技术、资金和产业的相互结合和转换，从而促进区域经济增长。世界上许多著名的企业都是在风险投资的支持下发展起来的，如英特尔、苹果、思科、雅虎、谷歌等。鉴于风险投资在创新型经济发展中的重要作用，风险投资作为"新经济"（Norton，2001）的基本推动力已经在世界范围内得到高度重视。目前，中国正在大力推动面向市场需求的"大众创业、万众创新"，为经济发展增添新动力。因此，中国风险投资的研究具有理论意义和现实意义。

区位选择和空间差异是地理学研究问题的基本视角之一（梁进社，2008，2009）。空间分布是风险投资研究的重要视角（徐晓红 等，2016）。目前，风险投资空间分布的相关研究主要集中在发达国家，如美国（Florida et al.，1988a；Chen et al.，2010）、加拿大（McNaughton et al.，1989）、英国和德国（Martin，1989）以及欧洲其他国家（Martin et al.，2002）等。大量研究表明，发达国家风险投资及投资流向的空间分布存在一致性，集中分布在金融中心和创新型企业集聚地（Florida et al.，1988a；Martin et al.，2002）。

风险投资的空间分布特征不仅是区域经济发展水平的反映，同时也会对区域经济进一步发展产生影响。良好的经济基础和区位等因素能够吸引风险投资机构入驻，促成投资交易达成。风险投资通过为具有较大发展潜力的企业提供支持，加速企业发展，从而促进区域经济增长（Pike，2006；Zademach，2009）。由于风险投资机构在投资过程中往往具有本地偏好（Cumming et al.，2010），拥有风险投资机构的地区，当地企业获得风险资本支持的可能性更大。此外，风险投资机构因管理水平、管理资本量、投资经验不同而导致投资区位存在差异（Cumming et al.，2010）。因此，研究风险投资的空间布局不仅要关注风险投资机构本身的区位，也要注重风险投资的投资流向。

与发达国家相比，中国风险投资行业起步较晚。近些年，随着中国经济的快速增长和资本市场的逐步完善，风险投资行业发展快速，已经成为中国多层次资本市场的重要组成部分。一方面,投资在中国市场的高收益吸引了来自全球的国际风险投资者,中国已经成为全球最大的风险投资输入国(Aizenman et al.,2008)。另一方面,国内本土风险投资机构不断发展壮大,不仅有大型国有风险投资机构,而且也形成了为数众多、投资能力较强的民营风险投资机构。目前,中国有大量企业得到了国际和国内风险投资机构的支持成功上市(Pan et al.,2014a)。

风险投资行业的快速发展引起了学者对中国风险投资的空间分布的关注。Zhang(2011)指出,中国风险投资行业的发展是风险投资全球化的结果,中国的风险投资主要集聚在北京、上海和深圳。此外,国内也有一些学者关注中国风险投资的空间分布,研究普遍指出,中国风险投资呈集聚的空间分布形态(蔡莉 等,2004;陈工孟 等,2009;陈治 等,2009,2010)。然而,中国风险投资的发展环境与西方存在较大差异(岳虹辰,2001;White et al.,2005;Wright,2007)。总体来讲,已有文献缺乏对中国风险投资空间格局变化规律的系统分析,没有紧密结合制度背景来分析中国风险投资空间格局的形成机制。不同所有制属性风险投资机构的分布特征和投资特点、不同城市之间投资的流动、风险投资集聚中心的形成机制等都值得深入研究。

本章基于近30年来中国风险投资机构和投资事件的数据,分析不同时期风险投资机构以及投资事件空间格局的变化规律,并对不同所有制属性风险投资机构的空间分布特征、投资的空间特征进行区分,探讨城市之间投资流动的规律。在此基础上,本章进一步解释了风险投资机构空间分布和投资事件空间分布的影响因素,分析中国不同级别风险投资集聚中心的形成,并将中国与其他国家风险投资的集聚分布进行了比较分析。

3.2 数据来源

本章研究数据来源为清科数据库。清科数据库是国内比较具有代表性、较为权威和可靠的风险投资数据库。截至2013年12月31日,从清科数据库获取的风险投资机构共8591家,获取的风险投资事件共20983起。其中,明确投资机构所在城市和被投企业所在城市的投资事件为源于2460个投资机构的17521起投资事件,具体信息包括风险投资机构的名称、成立时间、管理资本总额、机构总部,以及被投企业的企业名称、所在地、所属行业、投资时间及额度等。

本章研究对投资机构和投资事件所在地、投资机构所有制属性等指标进行了完善和补充。其中,本土风险投资机构被分为中央政府所属的风险投资机构、地方政府所属的风险投资机构和民营风险投资机构。国际风险投资机构的总部有全球总部、区域总部、中国总部和办事处等。本研究对国际风险投资机构区位的统计采用的是中国总部。

由于数据库中港、澳、台的风险投资数据不完善,本书的研究分析不含港澳台地区。去除无法获取机构所在地、被投企业所在地的投资机构和投资事件,本章研究可用的风险投资机构数据是 6849 家，占数据总量的 80.2%，可用的投资事件数量为 166611 起，占投资事件总数的 79.4%。本章主要通过投资事件的区位来反映风险投资机构的投资流向。

3.3 风险投资机构及投资事件的空间格局

3.3.1 空间格局的时间演化

从 20 世纪 80 年代开始，中国风险投资行业经历了大约 30 年的发展。在中国风险投资发展的早期，风险投资机构数量较少。本书主要研究 20 世纪 90 年代以后的风险投资机构和投资事件。按 1998 年、2003 年、2008 年和 2013 年四个时间点将中国风险投资机构及投资事件空间分布的变化大致分为以下几个阶段。

(1)初始阶段(截至 1998 年)。该阶段，中国风险投资机构及投资事件的数量和空间分布范围都较小，以东部沿海的经济发达城市为主(图 3.1、图 3.2，见文后彩插)。截至 1998 年底，全国共有风险投资机构 179 家，主要分布在北京、上海和深圳，分别为 52 家、35 家和 25 家。此外，只有南京、杭州、天津、成都等 25 个城市设有风险投资机构。投资事件也主要集中在北京、上海、深圳以及沿海几个经济发达的城市。

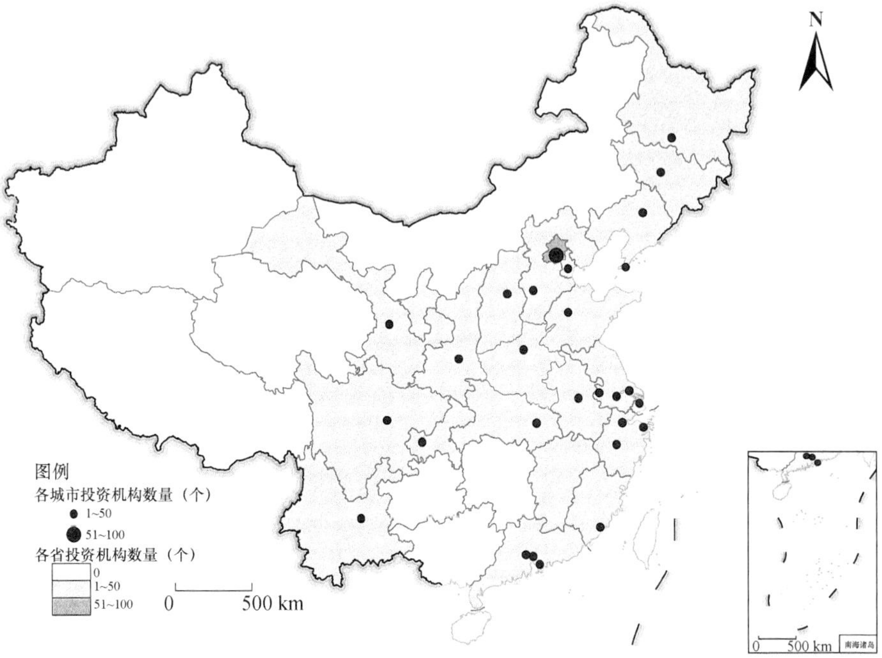

图 3.1　截至 1998 年中国风险投资机构的空间分布

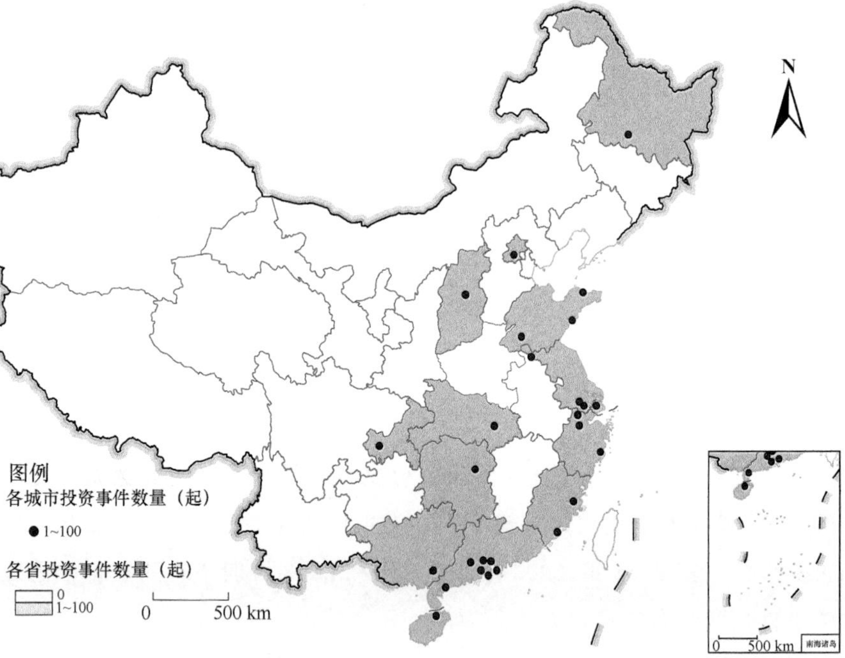

图 3.2 截至 1998 年中国投资事件的空间分布

政府主导是该阶段风险投资发展的显著特征。1985 年 3 月，中共中央发布了《关于科学技术体制改革的决定》。该文件中指出“对变化迅速、风险较大的高新技术开发工作，可以设立创业投资给以支持”，这标志着中国风险投资行业的开端。1985 年 9 月，中国第一家官方性的风险投资公司——中国新技术创业投资公司（简称“中创”）成立，总部位于北京。之后，在政策的支持下，一些依托高科技园区的创业中心成立，主要位于经济发达城市和省会城市，如武汉创业中心、成都创业中心、上海创业中心等。同时，地方性的投资机构先后成立，包括广州技术创业公司、江苏省高新技术创业投资公司等。这些风险资金多数是由政府直接投入，对资金的管理和使用也带有浓厚的国有色彩（魏建国，2000），投资项目也多以当地企业，甚至是科技园内的项目为主。

此外，从 20 世纪 90 年代初开始，外资风险投资机构开始进入中国市场。这些外资风险投资机构的总部设置首选北京和上海，如最早进入中国的 IDG、ChinaVest 的总部都位于北京。由于当时中国风险投资市场不成熟、风险投资制度不健全，外资风险投资机构在中国的发展十分艰难。

（2）调整发展阶段（截至 2003 年）。相对于初始阶段，该阶段风险投资机构和投资事件的空间分布范围都有了较大的扩展，已经发展至部分中西部省区（图 3.3、图 3.4，见文后彩插）。发展至 2003 年，全国已有 60 多个城市设有风险投资机构，风险投资事件的总数比 1998 年底增加了 1000 多起。其中，北京、上海、深圳依然是风险投资机构及投资事件最为集中的城市，分别占据全国的 60％的投资机构和全国 64％的投资事件。

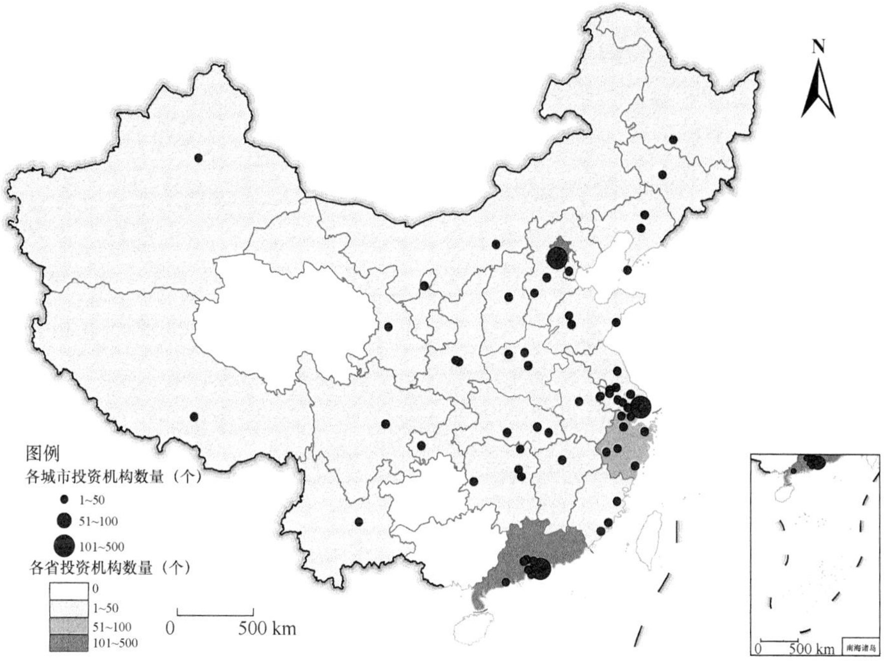

图 3.3　截至 2003 年中国风险投资机构的空间分布

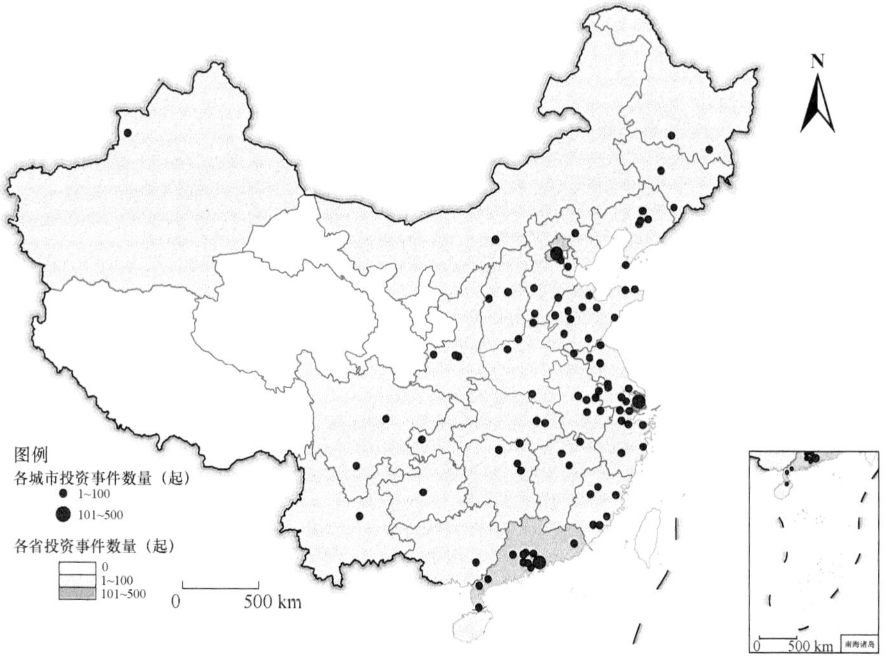

图 3.4　截至 2003 年中国风险投资事件的空间分布

在国内股市中小板和创业板推出前，外资风险投资机构的募资、投资、退出基本上都发生在境外。海外上市成为中国企业的重要选择(Pan et al. ,2014a)。20 世纪 90 年代末的互联网热潮中，中国新浪、网易、搜狐等众多网络公司的海外上市使其背后的风险投资机构获益颇丰。1998 年 3 月，时任全国政协副主席的成思危，代表民建中央在全国政协九届一次全会上提交了《关于加快发展中国风险投资事业的几点意见》的议案。该议案被列入全国政协九届“一号提案”。该提案的提出掀起了中国本土风险投资发展的浪潮，但受互联网泡沫(Aizenman et al. ,2008)的影响，创业板被搁置。许多本土风险投资机构为了创业板而急功近利地投资企业，而忽略了企业本身的经营管理，因此创业板搁置后，许多企业经营不善，风险投资机构资金无法回收，纷纷倒闭。但是，有一些本土风险投资机构，如深创投、达晨等投资过程中比较注重企业的经营管理，即使创业板被搁置，被投企业也能够保持良好的发展，并最终在中小板推出时成功退出投资，获取了丰厚回报，成为本土风险投资机构中的佼佼者。

(3)快速发展阶段(截至 2008 年)。此阶段风险投资机构及投资事件的空间分布范围已基本覆盖全国(图 3.5、图 3.6，见文后彩插)。该阶段风险投资事件已经遍布中国大陆所有省(区、市)，风险投资机构的分布也涵盖了除青海以外的所有省区。2008 年底全国机构数量是 2003 年底风险投资机构数量的近 3 倍，风险投资事件也比 2003 年底的 1266 起增加了 5123 起。其中，北京、上海和深圳三地的风险投资机构总数已经超过 1000 家，三个城市的风险投资事件占据全国的 52%。

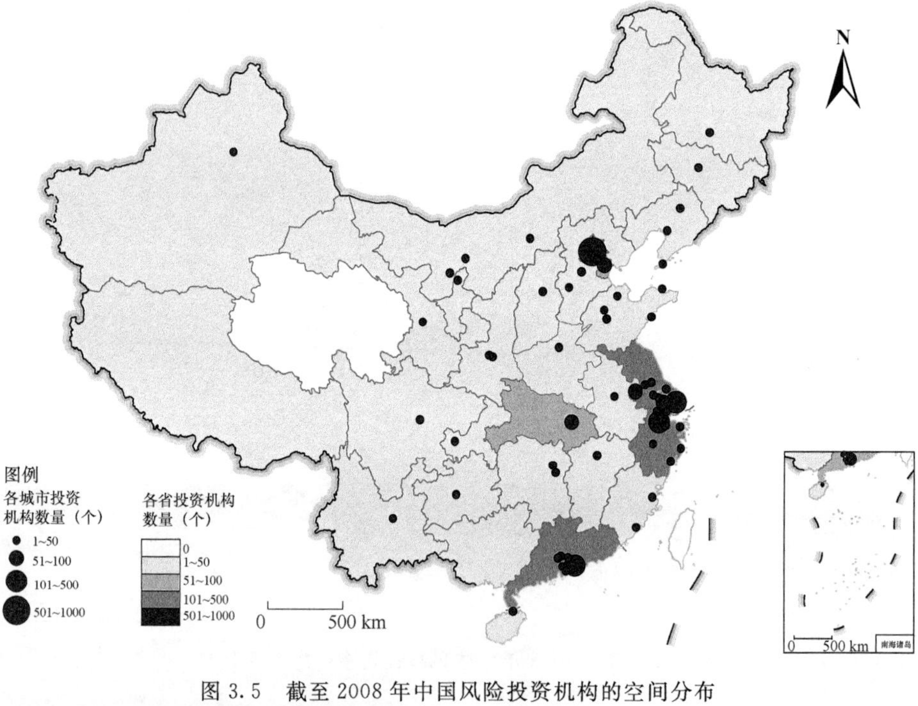

图 3.5　截至 2008 年中国风险投资机构的空间分布

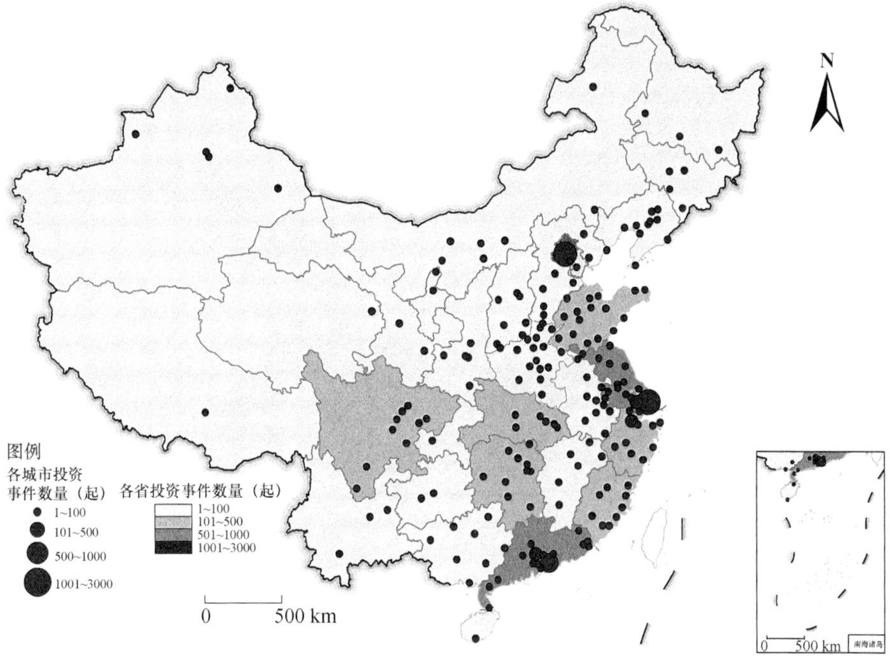

图 3.6 截至 2008 年中国风险投资事件的空间分布

随着国内资本市场改革的深入和市场的恢复(清科创业投资研究中心，2005)，许多顶尖的外资风险投资机构开始进入中国市场，如红杉、凯雷等，大大推动了中国风险投资行业的快速发展。2004 年股市中小板的推出使本土风险投资机构有了顺利退出的渠道，也在很大程度上加快了中国本土风险投资的发展。

(4)稳定发展阶段(截至 2013 年)。全国范围内风险投资机构和风险投资事件都实现了大幅度的增长，风险投资机构及投资事件的空间分布形成了突出的集聚中心(图 3.7、图 3.8，见文后彩插)。截至 2013 年底，风险投资机构已经遍布全国近 200 个城市，北京和上海的风险投资机构数量已经超过 1000 家，其中，北京 1394 家，上海 1223 家，深圳次之，742 家。此外，三个城市占据了全国 52% 的投资事件。因此，三个城市作为中国风险投资机构和投资事件的集聚中心尤为突出。

随着中国资本市场的不断发展和完善，尤其是 2009 年股市创业板的推出大大降低了企业上市的门槛，再次推动了中国本土风险投资的快速发展。其中，尤为突出的是民营风险投资机构的迅速崛起，如九鼎创投，其“扫街式”地寻找投资对象的“九鼎模式”使其投资对象遍布全国。良好的风险投资发展环境使中国出现了“全民 PE”的现象。

由以上分析可以得出，中国风险投资机构及投资事件的空间分布整体上呈现以下主要特征：

① 风险投资机构及投资事件的空间分布从东部向中西部扩展，从经济发达地区向欠发达地区逐渐蔓延；

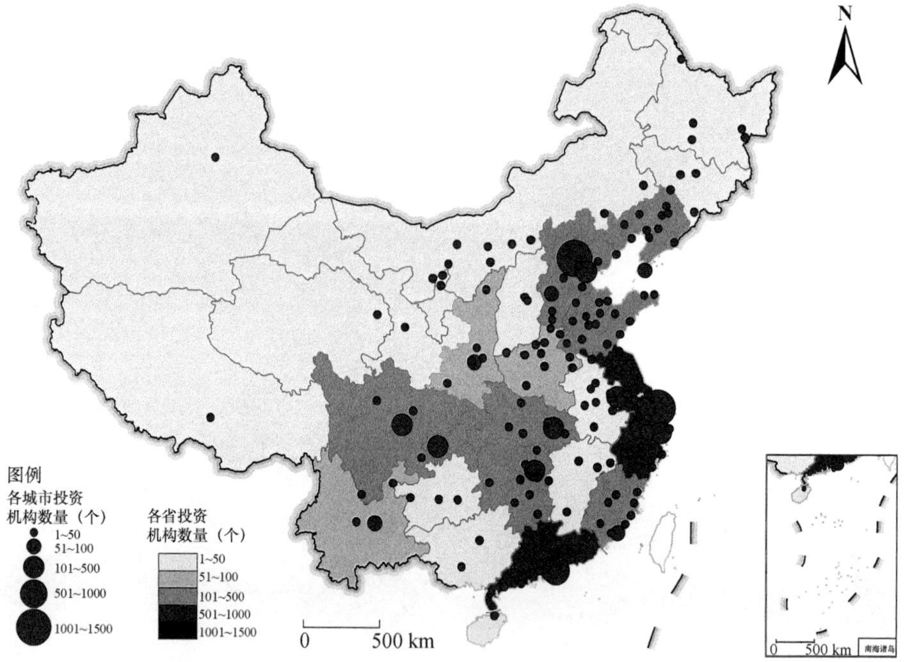

图 3.7　截至 2013 年中国风险投资机构的空间分布

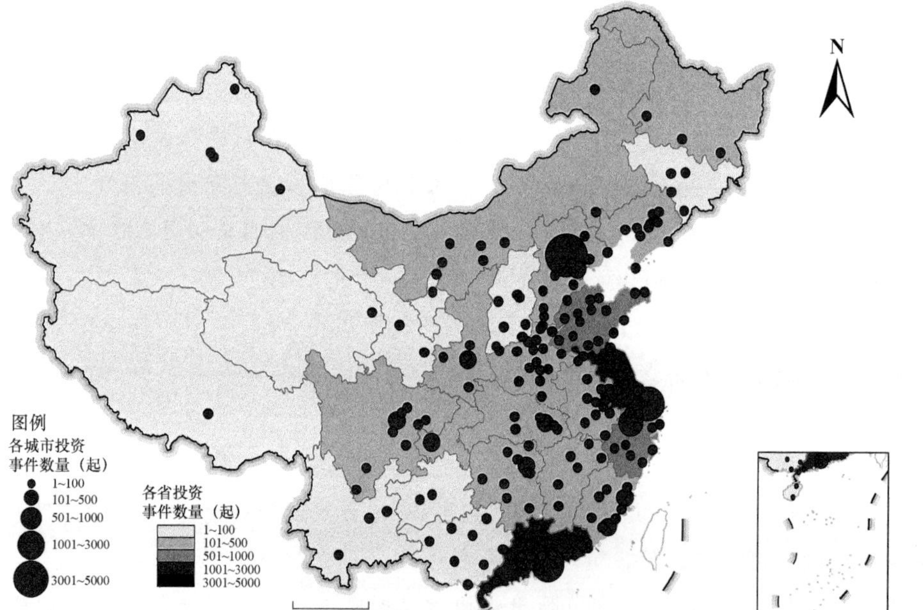

图 3.8　截至 2013 年中国风险投资事件的空间分布

② 风险投资的空间分布整体上呈现不均衡的空间分布格局，东部沿海数量较多，分布集中，中西部地区数量较少，且相对分散；

③ 长江三角洲、珠江三角洲和环渤海地区是风险投资机构及投资事件最为集中的三个核心地区，北京、上海和深圳的地位尤为突出，正如企业访谈中，京西创投、金信资本、启迪创投等几个投资机构的相关人员介绍，中国风险投资也主要集中在北京、上海、深圳等城市；

④ 风险投资机构与被投企业的空间分布存在一致性。这与发达国家风险投资的空间分布极为相似(Florida et al.，1988a；Martin，1989)，风险投资机构为了能够更好地掌握被投企业的信息，便于投资后的监管和服务，节约管理成本，倾向于就近投资，如美国风险投资机构的投资往往在“一小时车程”的投资范围内(Zook，2002)。

3.3.2　投资的空间流动

为了进一步了解风险投资机构在投资过程中资本的空间流动规律，本研究统计了不同城市风险投资机构的投资流向。这里主要通过投资事件个数反映投资流向的区域差异。

由图 3.9(见文后彩插)可以看出，中国风险投资的空间流动主要表现出以下几个特征。

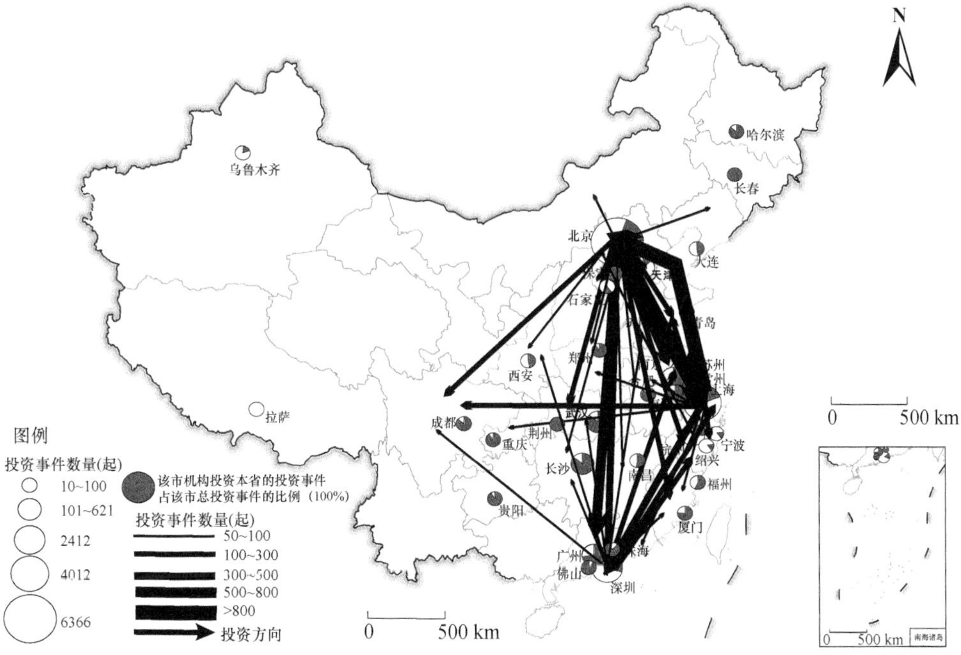

图 3.9　截至 2013 年风险投资机构投资的空间流向

(1)经济发达地区之间的投资流动频繁。由于具备资金、信息、人才等优势,经济发达地区往往能够成为风险投资机构和被投企业的集聚地(Florida et al.,1993;Chen et al.,2010),这些地区之间的资本流动较为频繁。北京有14%的投资事件投向了上海,10%投向了广东,9%投向了江苏和浙江。与此同时,上海24%的投资事件投向了北京,9%投向了广东,13%投向了江苏和浙江。深圳投向北京和上海的比例分别为14%和7%。

(2)从经济发达地区向欠发达地区流动。投资经验丰富、声誉好、投资网络广的风险投资机构,往往投资地域范围更为广泛(Cumming et al.,2010),且这些机构往往集聚在经济发达地区,因此投资从经济发达地区向欠发达地区流动就成为风险投资流动的重要特征。如图3.9显示,北京风险投资机构的投资范围不仅包括山东、河南、河北等周边省份,还远达四川、湖北、黑龙江、福建等较远的省份。此外还有上海风险投资机构向四川的投资、深圳的风险投资机构向陕西的投资等。

(3)投资的本地化是大多数城市风险投资机构的普遍特点。个人的社会关系以及面对面的沟通交流等是投资过程中获取项目源的重要途径(Gertler,2003;Storper et al.,2004),就近投资不仅有利于掌握被投企业的详细信息,而且也使投资后的监管和服务更加便捷。近距离投资能够降低风险投资机构和被投企业之间的沟通成本。北京风险投资机构投资到本市的投资事件占总数的38%,上海的比例为30%,杭州、苏州和广州的比例分别为46%、65%和72%。

根据不同城市风险投资机构的投资事件发生地的不同,可以把风险投资机构集聚的城市分为两种类型,即外向型和内向型。其中,北京、上海、深圳、天津等城市的风险投资机构属于外向型投资机构,其投资范围广泛,遍布全国多个省份和地区,如北京62%的投资都投向了全国的其他地区,上海的比例是70%,深圳的比例是63%,天津有73%的投资是投向天津以外的。从投资事件的数量来看,北京风险投资机构向外投资的数量远远大于上海和深圳。而苏州、广州等城市的风险投资机构属于内向型。如苏州风险投资机构有65%的投资事件投向江苏省内,广州72%的投资是投在广东省内。重庆虽为直辖市,但是风险投资机构却是典型的内向型,有85%的投资都是投资到重庆市内部。此外,许多省会城市的风险投资机构属于内向型,如成都、长沙和武汉投资本省的比例分别为80%、80%和81%,济南的比例更是高达93%。

3.3.3 不同所有制属性风险投资的空间格局

政府在中国风险投资行业发展过程中发挥了重要的作用。中国早期的风险投资机构大多都属于官办风险投资,如中国第一家官方性的风险投资公司——中国新技术创业投资公司于1985年成立于北京,中国第一家合资的创投公司——中国科招高技术有限公司(简称“中国科招”)是国家科委、国防科工委和招商局共同出资组建的。早期进入中国市场的外资风险投资机构也是采取了和当地政府联合的策略，如与上海科委合作的美国太平洋技术风险投资基金-中国（PTV-China）就是 IDG 的前身。

随着资本市场改革的深入，外资风险投资机构逐渐摸索出了适合中国市场的发展模式，逐渐站稳脚跟，并在相当长的时期内一直主导着中国的风险投资市场。然而，国内本土风险投资通过不断学习、模仿，最终实现了超越。目前，中国已经形成了政府背景风险投资、外资风险投资、合资风险投资和民营风险投资等多种所有制类型的风险投资机构并存的局面。研究不同所有制属性的风险投资机构的空间布局及其投资流向的区位特点是非常必要的。

清科数据库中，风险投资机构被划分为三种类型，本土、合资和外资。其中，本土风险投资机构数量最多，占风险投资机构总数的 81%，外资风险投资机构数量占 16%，合资风险投资机构的比例较低，约占 2%（图 3.10）。

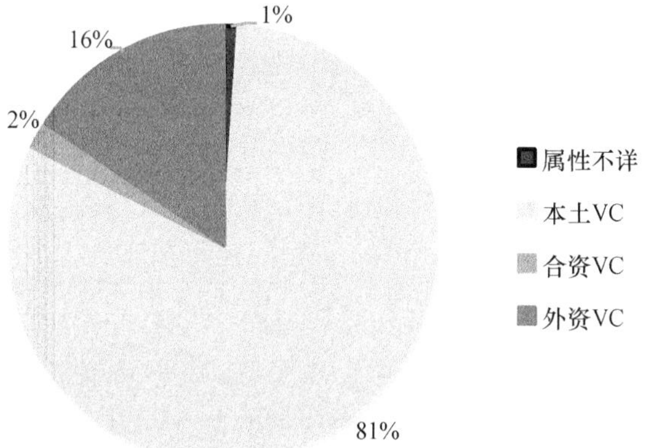

图 3.10 截至 2013 年不同类型风险投资机构的比例

不同所有制属性的风险投资机构的空间分布存在较大差异。如图 3.11 所示，首先，外资风险投资机构的空间分布最为集中。截至 1998 年底，中国大陆只有北京和上海拥有外资风险投资机构。发展至 2013 年底，外资风险投资机构依然集中分布在上海和北京，占机构总数的 80%。值得注意的是，上海的外资风险投资机构数量和合资风险投资机构的数量都明显多于北京，如上海外资风险投资比例为 48%，比北京多了 16%。这也印证了上海对外资企业吸引力较大。其次，合资风险投资机构的空间分布集中程度略低，截至 2013 年底，上海和北京共占 62%。相比之下，本土风险投资机构的空间分布较为分散，如 2013 年底北京占 19%、上海占 16%、深圳占 11%。

不同所有制属性的风险投资机构在投资过程中呈现不同的区位偏好。在风险投资发展的早期，外资风险投资机构的投资更多集中于北京、上海和深圳的互联网企业，这些互联网企业的发展模式往往能够在美国找到相似模式，如百度、谷歌、新浪、搜狐与雅虎等。由于集聚经济效应，外资企业偏好分布在经济活动集中的区位（贺灿飞 等，2005）。本土风险投资机构更了解中国国情和中国企业的运行规律，因此投资行业范围更宽广，投资对象不仅包

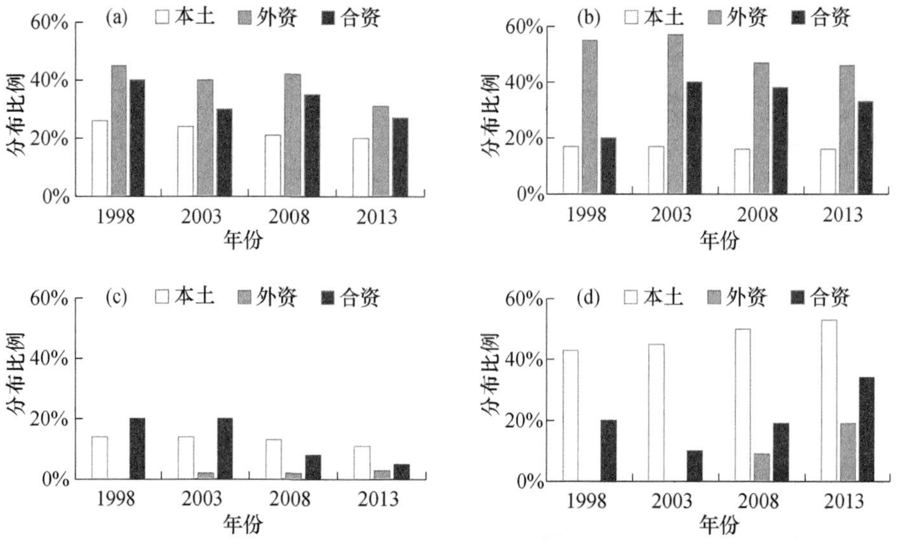

图 3.11 截至 2013 年不同所有制属性风险投资机构的空间分布

(a)北京;(b)上海;(c)深圳;(d)其他城市

括互联网企业,也涉及现代农业、消费服务业中的明星项目,如圣农发展、爱尔眼科等。

本研究将投资事件中涉及的 2460 家风险投资机构的属性进一步细分为外资、合资、地方政府、中央政府和民营风险投资机构五种类型。其中,外资和合资风险投资机构管理资本量大、投资经验丰富、风险承受水平高,在中国投资的地域范围较广,如红杉、英特尔投资等。民营风险投资机构因资金管理规模不同而存在差异,一般是越小的投资机构投资范围越小,而发展成熟、管理资本量大的民营风险投资机构的投资范围也较大,如九鼎创投、浙商创投等。中央政府所属的风险投资机构投资范围较广,如中国风投、建银国际等。地方政府所属的风险投资机构主要集中在本地投资。例如,山西省科技基金发展总公司、广东省风险投资集团公司、重庆科技风险投资有限公司等机构的投资项目几乎全部集中在当地。这主要是因为地方政府风险投资基金有服务地方经济的需要。在发展风险投资的过程中,地方政府之间的模仿、学习和竞争促使地方政府背景的风险投资机构大量涌现。然而,经过长期的发展,一些地方政府所属的风险投资机构发展较好,也有一些地区的机构难以继续。这主要与当地经济发展基础以及创新经济发展氛围有关。

3.4 风险投资空间格局的影响因素

从上述分析可以看出,集聚是中国风险投资空间格局的典型特征。虽然风险投资的空间集聚在世界范围内是普遍现象(Mason et al.,2002;Chen et al.,2010),但是由于制度环境、经济发展和社会文化等各方面的差异，中国风险投资行业的发展不同于西方国家（Bruton et al.，1999），因此，研究中国风险投资空间格局的形成机制显得尤为重要。

（1）考察创新能力对风险投资空间格局的影响。Florida 等（1993）对美国的研究表明，风险投资机构的数量与高新技术从业人员数量呈正相关，风险投资事件的数量与高新技术从业人员数量、处于启动阶段的高新技术企业数量、学校的研发资金等呈正相关。与发达国家类似，国内研究表明，大学数量是影响风险投资地理分布的最重要因素，科技成果数量、高科技企业数量与风险投资机构集聚现象为正相关（罗国锋，2012）。因此，区域创新能力、创新产业的发展会影响风险投资的空间格局。此外，风险投资机构和被投企业往往集聚于高科技企业的集聚地（Florida et al.，1988a；Mason et al.，2002）也说明了创新对风险投资的重要性。技术基础是地区的创新能力关键所在（郑蔚 等，2006）。本研究拟采用各城市地方公共财政收支状况中的科学技术支出和城市普通高等学校的数量反映城市的创新能力。

（2）交通通达性对风险投资空间格局的影响。虽然 Florida 等（1993）的研究指出，联合投资使交通通达性对风险投资空间格局的影响不大。但是与发达国家不同，中国风险投资的出资人将资金交给风险投资机构后，会与投资机构之间保持密切联系，严格监督资金的使用和管理，二者之间存在频繁沟通和交流。此外，风险投资机构要参与被投企业的运行和管理以确保投资的收益，风险投资机构能否及时沟通、了解和掌握被投企业的信息直接关系到投资成败。虽然通信技术的发展提高了沟通效率，但是面对面的交流依然是经济活动中无法替代的，因此便捷的交通通达性是影响中国风险投资空间格局的重要因素。本研究拟采用民用航空客运量、铁路客运量、风险投资机构所在城市距离风险投资中心（北京、上海、深圳）的最近距离反映城市的交通通达性。

（3）经济发展水平和产业结构对风险投资空间格局的影响。有研究表明，投资多流向收益回报高的地区（Florida et al.，1993；Chen et al.，2010）。经济发达地区往往拥有更多优秀企业，为风险投资机构提供更多投资机会，利于投资交易的达成，也能够吸引风险投资机构入驻。本研究拟采用地区生产总值、第三产业占 GDP 的比重反映城市的经济发展水平和产业结构。

（4）金融基础对风险投资空间格局的影响。风险投资机构的成功运行不仅需要专业的技术人才，更需要有雄厚的资金支持。风险投资机构的管理人员也要及时与其他各类金融机构之间保持紧密联系。充实的资金基础和密集的金融机构为风险投资的顺利开展提供了便利条件，密集的金融机构会产生“溢出”效应，风险投资家更容易获取由银行和其他机构投资者支持的、成熟的投资项目。风险投资多在金融中心集聚（Mason et al.，2002；Chen et al.，2010）也说明了金融基础对风险投资机构和被投企业的吸引力。有研究表明，风险投资机构的数量与地区银行资产规模大小成正比关系（Florida et al.，1993）。本研究拟采用城市年末金融机构人民币各项存款余额和金融业单位从业人员反映城市的金融基础。

(5)制度和政策因素对风险投资空间格局的影响。中国风险投资的发展与西方的显著差异之一就是政府对风险投资市场的主导和干预(Bruton et al.,1999;Pukthuanthong et al.,2007)。本研究拟采用城市上市企业数量、国家级开发区数量、省级开发区数量和城市行政等级反映城市的制度和政策因素。

首先,上市(Initial Public Offerings,IPO)是中国风险投资退出的主要方式之一。Jeng 等(2000)指出上市是世界上许多国家的风险投资的主要退出方式。在中国,上市作为风险投资的退出方式,尤为重要(Pan et al.,2014a;潘峰华 等,2014a)。企业上市使背后的风险投资机构获取了高额利润,"示范效应"带动更多的风险投资机构成立并参与投资。因此,风险投资的发展和企业上市二者之间相互作用、互相影响。然而,中国企业上市受到政府的严格监管,如中国多次暂停 IPO(表 3.1)大大影响了上市企业的区位变化和数量变化(潘峰华 等,2013a,2013b;Pan et al.,2014b;张凤梅 等,2015)。上市企业的数量随着各种金融监管制度的变化而变化,同样,风险投资的发展也随着上市企业的发展状况而变化。因此,风险投资与上市企业数量变化息息相关。

表 3.1 历次 IPO 暂停时间表

次数	开始时间	结束时间	持续时间
1	1994-7-21	1994-12-7	5 个月
2	1995-1-19	1995-6-19	5 个月
3	1995-7-5	1996-1-3	6 个月
4	2001-7-31	2001-11-2	3 个月
5	2004-8-26	2005-1-23	5 个月
6	2005-5-25	2006-6-5	12 个月
7	2008-9-16	2009-7-10	8 个月
8	2012-11-16	2014-1-17	14 个月

注:参考张凤梅等(2015)。

其次,开发区的发展状况能够反映出各级政府利用中央区域政策和产业政策促进地方经济增长的行为。中国投资的优惠政策是区域性的,各级开发区享有一定的投资优惠政策,比如减免税收、土地价格优惠等(贺灿飞 等,2001)。实际上早期的风险投资机构多是位于高新技术开发区的各种类型的产业基金。这些产业基金在开发区内集聚分布,享受开发区内的税收、土地等各种优惠政策。因此,开发区的发展状况直接反映了政府行为以及政府的政策对风险投资空间格局的影响。

再次,中国城市的行政等级与城市的资金、人才、信息等息息相关。城市等级高的直辖市、省会城市会拥有更好的人力、资金、信息等资源。风险投资机构和被投企业位于这些城市便于获取有关的政策信息,更易获得政府部门的支持。

综上所述，本研究假设各城市的创新能力、交通通达性、经济发展水平、金融基础、制度和政策因素都有可能影响风险投资和投资事件的空间分布。本研究构建统计模型，分别以城市风险投资机构的数量(Locate)和城市投资事件的数量(Invest)为因变量，系统考察影响风险投资空间格局的因素，模型如下：

$$\text{Locate}=a_1X_1+a_2X_2+a_3X_3+a_4X_4+a_5X_5$$

$$\text{Invest}=b_1X_1+b_2X_2+b_3X_3+b_4X_4+b_5X_5$$

式中：X_1 表示城市的创新能力，X_2 表示城市的交通通达性，X_3 表示城市的经济发展水平和产业结构，X_4 表示城市的金融基础，X_5 表示城市的制度和政策因素。

表 3.2 是各变量的解释。其中，开发区数量根据中国开发区网(http://www.cadz.org.cn/)整理而得，上市企业数量根据清科数据库整理而得，风险投资机构所在城市距离风险投资中心(北京、上海、深圳)的最近距离是通过 ArcGIS 软件算出的两个城市之间的直线距离，其余所有数据均来自《2014 中国城市统计年鉴》。

表 3.2　变量解释

因素类别	变量符号	变量解释
创新能力	Ln tech-exp	地方公共财政收支状况中的科学技术支出(万元人民币)的对数
	Univ	普通高等学校的数量(所)
交通因素	Air	民航航空客运量(万人)
	Train	铁路客运量(万人)
	Ln Dist	距离风险投资中心(北京、上海、深圳)的最近距离(千米)的对数
经济发展水平和产业结构	Ln GDP	各市地区生产总值(万元人民币)的对数
	Third	第三产业占 GDP 的比重
金融基础	Ln FincB	年末金融机构人民币各项存款余额(百万元人民币)的对数
	FincP	金融业单位从业人员(万人)
制度和政策因素	IPO	上市企业数量
	DZ	国家级开发区数量(包括国家级自主创新示范区、国家级新区、国家级经济技术开发区、国家级高新技术产业开发区、国家级保税区、国家级出口加工区)
	SZ	省级开发区数量
	AL	城市行政级别(直辖市为 1，副省级城市为 2，省会城市为 3，一般地级市为 4)

分别以各个城市截至 2013 年底风险投资机构的数量和截至 2013 年底风险投资事件的数量为因变量，以各类解释变量为自变量建立模型。

方差膨胀系数(Variance inflation factor，VIF)通常被用来作为测量多重共线性的指标。一般认为，$VIF>10$，表示变量之间存在严重多重共线性，会影响回归结果。此时，需要从模型中去除变量，减小变量之间的多重共线性。表 3.3、表 3.4 中，模型 1～模型 5、模型 7～模型 11 中各变量的 VIF 值均可通过共线性检验，但是，模型 6 和模型 12 中，年末金融机构人民币各项存款余额(百万元人民币)的对数(Ln FincB)的 VIF 值均大于 10，去除变量 Ln FincB 后，模型 6 和模型 12 中的各变量的 VIF 值均可通过共线性检验。

表 3.3　风险投资机构空间分布影响因素的回归结果

线性回归	模型 1	模型 2	模型 3	模型 4	模型 5	模型 6
Lntech-exp	50.183***					−8.897
Univ	2.489***					−0.142
Air		0.012***				0.0001
Train		0.024***				0.002
Ln Dist		−75.594***				−9.208*
Ln GDP			64.982***			−24.018**
Third			5.408***			−1.371**
Ln FincB				86.794***		—
FincP				0.07		−0.007
IPO					3.598***	3.745***
DZ					4.452**	8.647***
SZ					1.684**	2.862***
AL					15.467**	−1.538
样本数	168	168	168	168	168	168
常量	−532.1***	462.8***	−1264.4***	−1442.8***	−91.468***	563.2***
R^2	0.359	0.407	0.322	0.316	0.93	0.944

注：* 表示在 10%水平上显著，** 表示在 5%水平上显著，*** 表示在 1%水平上显著，余同。

表 3.4　风险投资事件空间分布影响因素的回归结果

线性回归	模型 7	模型 8	模型 9	模型 10	模型 11	模型 12
Ln tech-exp	69.347***					−19.026*
Univ	7.828***					3.52***
Air		0.034***				0.001
Train		0.057***				0.001
Ln Dist		−134.85***				6.209
Ln GDP			117.08***			−53.781***
Third			11.212***			−1.092
LnFincB				165.19***		—
FincP				0.155		−0.028
IPO					10.202***	10.652***
DZ					−16.935***	−7.129*
SZ					4.491***	8.161***

续表

线性回归	模型7	模型8	模型9	模型10	模型11	模型12
AL					49.909***	103.62***
样本数	251	251	251	251	251	251
常量	−732.4***	836.1***	−2292.3***	−1947.7***	−231.9***	588.5**
R^2	0.289	0.343	0.242	0.227	0.919	0.934

表3.3和表3.4分别是风险投资机构空间分布影响因素的回归结果和投资事件空间分布影响因素的回归结果。由回归结果可以看出，中国风险投资机构的空间分布和投资事件的空间分布与城市的创新能力、交通通达性、经济发展水平和产业结构、金融基础、制度和政策因素高度相关。

首先，创新能力与城市风险投资机构数量、投资事件的数量呈正相关。城市的科学技术支出表明城市用于科学技术研发的投入，投入越多，研发成果越突出。普通高等学校的数量反映了城市的高等教育发展水平以及高层次人才的拥有量。模型1和模型7中，两个变量的系数均为正，且在1%水平上显著，说明城市创新能力与风险投资机构的数量和投资事件的数量呈正相关。创新能力强的城市能够培育出更多创新型企业，为风险投资机构的入驻和投资事件的达成创造了条件。

其次，交通通达性与城市风险投资机构数量和投资事件的数量呈正相关。良好的交通通达性便于风险投资机构和被投企业之间的沟通和协调，节约管理成本。投资过程中，风险投资企业与投资人、被投企业、中介等各种机构之间存在密切的联系和交流。拥有便捷的交通，尤其是拥有高等级的机场、高速铁路等，便于风险投资机构和其他各类机构之间的沟通和交流。模型2和模型8中，民用航空客运量和铁路客运量的系数均为正，且在1%水平上显著，说明交通条件越好的城市，风险投资机构和投资事件的规模就越大。而距离北京、上海、深圳的距离反映了风险投资机构和投资事件所在城市与金融中心接触的便捷程度，其系数为负，说明远离金融中心不利于风险投资的发展。

第三，经济发展水平和产业结构与城市风险投资机构数量、投资事件的数量呈正相关。地区生产总值(GDP)反映了城市的经济产出水平，第三产业占GDP的比重反映了城市的产业结构。一般情况下，随着经济水平的提升，第三产业占GDP的比重会逐渐增加。模型3和模型9中，地区生产总值(GDP)和第三产业占GDP的比重系数均为正，且在1%水平上显著，说明城市经济发展水平越高，风险投资事件的规模越大，风险投资机构的数量越多。风险投资本身也是城市经济产出的组成部分，城市经济发展水平高，为风险投资的发展奠定了经济基础。

第四，金融基础与城市风险投资机构数量和投资事件的数量呈正相关。模型4和模型10中，城市年末金融机构人民币各项存款余额的系数为正，且在1%水平上显著，说明金融基础越好的城市，风险投资机构的数量和投资事件的数量越多。

第五，制度和政策因素影响风险投资机构和投资事件空间分布。模型5和模型10

中，上市企业数量、城市行政等级、开发区数量等变量的系数均在1%水平上显著，说明由这些变量反映的制度和政策性因素对风险投资的空间格局影响较大。

将几个影响因素综合对比可以看出，制度和政策因素是影响风险投资机构和投资事件空间分布的最重要因素。模型6和模型12中，把几个类别的变量全部放入模型中，得出上市企业数量、省级开发区数量的系数均为正，且在1%水平上显著；模型6中，国家级开发区数量的系数为8.647，且在1%水平上显著；模型12中，城市行政级别的系数高达103.62，且在1%水平上显著。因此，与城市的创新能力、交通通达性、经济发展水平和产业结构、金融基础等因素相比，制度和政策因素对风险投资机构和投资事件空间分布的影响更为突出。这一结论可以看出，中国风险投资空间分布的影响因素不同于发达国家风险投资空间分布的影响因素(Florida et al.，1993)，中国政府对风险投资市场的主导和干预，需要中国风险投资机构和被投企业保持高度的政策敏感性，充分利用各种制度和政策，适应市场变化。

3.5 风险投资集聚中心

北京、上海和深圳是中国风险投资机构及投资流向的集聚中心。从不同时段各城市风险投资机构、管理资本总量、投资事件数、投资额的变化可以看出，三个城市作为中国风险投资机构集聚中心的领先地位较为稳定(表3.5～3.8)。截至2013年，三个城市拥有风险投资机构数量总数占全国机构总数的49%，投资事件数量总数占全国的52%，管理资本量总数超过了全国的70%，投资额总数占比57%。

表3.5 四个时段主要城市风险投资机构的数量及比例

	机构数量(个)和比例			
	1998年	2003年	2008年	2013年
北京市	50(28%)	202(26%)	505(23%)	1394(20%)
上海市	35(20%)	153(20%)	399(18%)	1223(18%)
深圳市	25(14%)	109(14%)	270(12%)	742(11%)
其他城市	67(38%)	311(40%)	1011(47%)	3490(51%)
总计	177(100%)	775(100%)	2185(100%)	6849(100%)

数据来源：清科数据库整理而得。

表3.6 四个时段主要城市投资事件的数量及比例

	事件数量(起)和比例			
	1998年	2003年	2008年	2013年
北京市	48(34%)	369(29%)	1831(29%)	4485(27%)
上海市	34(24%)	293(23%)	1331(21%)	2666(16%)

续表

	事件数量(起)和比例			
	1998年	2003年	2008年	2013年
深圳市	20(14%)	152(12%)	563(9%)	1454(9%)
其他城市	41(29%)	452(36%)	2662(42%)	8006(48%)
总计	143(100%)	1266(100%)	6387(100%)	16611(100%)

数据来源:清科数据库整理而得。

表3.7　四个时段主要城市风险投资机构的管理资本总量及比例

	管理资本量(百万元人民币)和比例			
	1998年	2003年	2008年	2013年
北京市	181453(67%)	351433(34%)	2423036(67%)	2841555(59%)
上海市	43494(16%)	476502(46%)	645345(18%)	868744(18%)
深圳市	6701(2%)	82060(8%)	167692(5%)	300973(6%)
其他城市	38615(14%)	123445(12%)	358730(10%)	806931(17%)
总计	270263(100%)	1033440(100%)	3594803(100%)	4818203(100%)

数据来源:清科数据库整理而得。

表3.8　四个时段主要城市的被投金额及比例

	投资额(百万元人民币)和比例			
	1998年	2003年	2008年	2013年
北京市	2182(32%)	11496(27%)	242249(44%)	570963(41%)
上海市	1250(19%)	10443(25%)	74503(13%)	162049(12%)
深圳市	1377(20%)	2952(7%)	20330(4%)	57229(4%)
其他城市	1920(29%)	16964(41%)	215301(39%)	617064(44%)
总计	6729(100%)	41854(100%)	552383(100%)	1407306(100%)

数据来源:清科数据库整理而得。

3.5.1　北京

北京是中国风险投资最大的集聚中心。截至2013年底,北京市风险投资机构数量达到了1394家,占全国风险投资机构总数的20%,投资事件4485起,占全国的27%,投资额占全国的41%,管理资本量占全国的59%(表3.5～3.8)。北京一直是中国拥有风险投资机构数量最多、管理资本额度最大、投资事件最多、投资额也最大的城市,远远高于位于其后的上海和深圳。此外,中国许多顶尖的风险投资机构的总部都设置在北京,如外资风险投资机构中的红杉、IDG、凯雷等,中央政府背景风险投资机构中的中科招商、君联资本等,民营风险投资机构中的九鼎创投等。其中,红杉、IDG和君联资本是投中集团公布的2014年度中国最佳创业投资机构的前三名,其总部皆位于北京。

投资互联网企业是北京风险投资行业发展的重要特征。互联网是世界范围内风险投资的主要投资领域之一，中国也不例外。北京拥有大量优秀的企业家和优秀的企业，这是北京成为风险投资及投资事件集聚中心的重要因素。北京对海归人才的巨大吸引力使大量海外学子回国投身到互联网创业中。他们既熟悉国际市场，又了解中国国情，投身互联网行业使他们获得了巨大的成功，如百度、搜狐、新浪等就是这样发展起来的。以较早进入中国的外资风险投资机构 IDG 为例，北京的当当网、奇虎 360、小米科技、搜房网等都得到过 IDG 的投资。截至 2013 年底，发生在北京的投资事件共 4474 起，其中 2207 起投资事件属于互联网企业，约占总数的 50%，充分说明了互联网企业在北京的突出优势。

从不同所有制类型的风险投资机构在北京的分布来看，首先，中央政府所属的风险投资机构主要位于北京，截至 2013 年底，全国共 142 家中央政府背景的风险投资机构，其中 83 家位于北京，占总数的 58%。其次，北京拥有全国 20% 的外资风险投资机构，尤其是国际顶尖的风险投资机构，如红杉、凯雷、IDG 等的总部都位于北京。此外，北京民营风险投资机构共 302 家，占总数的 25%。

北京作为中国风险投资最大的集聚中心，其原因是多方面的。从历史上看，1985 年，中国第一家官方性的风险投资公司——“中国新技术创业投资公司”成立于北京，通过投资、贷款、租赁、财务担保和咨询的方式，为高新技术风险企业提供支持。1988 年，北京新技术产业开发试验区建立，以“中关村电子一条街”为基础，是中国第一个高新技术产业开发区。“中关村一条街”的兴起就是科学家及企业家探索并加快将科技转化为生产力的新路，标志着中国高科技产业步入了探索和发展的阶段，同时也开始了中国风险投资的探索之路。目前，北京已经成为中国最大的科技创新中心。此外，北京作为中国最重要的行政中心，拥有优先获取政策信息的优势，此外，北京拥有丰富的教育资源，拥有人才、信息、技术、资金等多方面的优势。在这些因素的共同作用下，北京发展成为中国风险投资最大的集聚中心。

3.5.2 上海

上海是中国风险投资集聚的第二大城市。截至 2013 年底，上海市风险投资机构有 1223 家，占全国风险投资机构总数的 18%，仅比北京少 2%；投资事件 2666 起，占全国的 16%，比北京少 11%；而管理资本量和投资额占比与北京差距较大，上海管理资本量占全国的 18%，比北京少 41%，投资额占全国的 12%，比北京少 29%（表 3.5～3.8）。虽然上海风险投资发展与北京相比有些差距，但却远远大于全国其他城市。

从对互联网企业的投资来看，上海共有互联网投资事件 1171 起，比北京少大约 50%。但是上海也孕育了一批知名互联网企业，如盛大、聚力传媒（PPTV）、大众点评、一号店、世纪佳缘、携程旅行网等。上海的互联网企业与毗邻的杭州和苏州的互联网企业一起也成为长江三角洲地区风险投资机构投资的重要目标。

此外，集成电路、生物技术开发等高新技术企业也是上海风险投资机构的主要投资目标。张江高科技园区被称为“中国的硅谷与药谷”，有国家信息产业基地、国家上海生物医药科技产业基地等多个国家级基地，其中很多企业都得到了风险投资机构的投资，如锐迪科微电子、展讯、汇仁制药、药明康德等。

从所有制的风险投资机构的数量来看，上海民营风险投资机构数量最多，占 53%；外资风险投资机构数量次之，占 33%；政府背景和合资的风险投资机构数量最少，分别占 10%和 4%。与北京相比，上海外资风险投资机构的数量更多。上海外资风险投资比例为 48%，比北京高 16%。

上海成为中国风险投资集聚中心之一的原因也是多方面的。上海在历史上一直是中国重要的金融中心，陆家嘴金融贸易区是上海的主要金融中心区之一。20 世纪 90 年代初，上海证券交易所的成立进一步巩固了上海作为中国金融中心的地位。此外，上海也是中国境内较早发展风险投资行业的城市。1993 年 6 月，上海市科技投资股份有限公司成立，该公司是由上海市人民政府批准成立的。该公司是境内较早专业从事科技风险投资的企业。此外，上海的开放性、国际性以及上海较强的商品经济观念和金融意识为风险投资的发展提供了一个良好的环境。

3.5.3 深圳

深圳市是中国风险投资集聚的第三大中心。截至 2013 年底，深圳拥有风险投资机构 742 家，占全国的 11%；被投事件 1454 起，占全国的 9%；管理资本量和投资额分别占全国的 6%和 4%（表 3.5～3.8）。虽然总量不及北京和上海，但是深圳仍然是继北京、上海之后中国风险投资行业最为发达的城市，远远大于位于第四位、第五位的杭州和苏州。

深圳孕育了中国知名风险投资机构，如深圳创新投资、达晨创投等。伴随着中国经济的快速增长和多层次资本市场的不断完善，深圳创新投资是国内投资能力最强、资本规模最大、最具竞争力的内资风险投资公司之一，注册资本为 42 亿元人民币，平均年投资回报率（IRR）为 36%，可投资能力超过 100 亿元人民币①。成立于 2000 年的达晨创投是中国第一批按市场化运作设立的本土创投机构，聚焦于医疗健康、节能环保、TMT②、消费服务领域以及智能制造、军工、机器人等特色细分行业，已发展成为目前国内投资能力最强、规模最大、最具影响力的风险投资机构之一③。

虽然深圳互联网企业整体的发展与北京存在较大差距，但作为中国南方重要的高新

---

① 深圳市创新投资集团有限公司官方网站（http://www.szvc.com.cn/）。

② Telecommunication，Media，Technology，即电信、媒体和科技，简称 TMT。

③ 达晨创投官方网站（http://www.fortunevc.com/）。

技术研发和制造基地，深圳也培育了一些非常优秀的互联网，如中国互联网企业中的三大系（百度系、阿里系、腾讯系）之一的腾讯系，是深圳优秀互联网企业代表之一。此外，迅雷也是中国互联网行业中的佼佼者。除了互联网企业之外，现代物流业、金融服务业等都已经成为深圳的支柱产业，成为投资深圳的风险投资机构的重要选择。

深圳作为中国风险投资机构集聚的区域有其独特性，首先，表现在政策的领先性和制度创新。作为中国第一个风险投资试点城市（胡嘉莉，2010），深圳是中国较早出台扶持风险投资发展的政策措施的城市。2000 年，深圳已经初步建成了由项目市场、资金市场和股权交易市场组成的高风险投资市场体系（罗清和 等，2003）。同时，深圳作为中国的经济特区，制度创新是深圳最大的相对优势。深圳宽松的环境和创新制度是深圳风险投资行业迅速发展的重要原因。此外是良好的区位优势。深圳地处珠三角地区，毗邻港澳，可以同时与国际金融中心香港和中国内陆保持紧密联系。作为深圳证券交易所的所在地，深圳也是中国重要的风险投资中心。此外，每年的“中国国际高新技术成果交易会”加速了科技成果向现实生产力的转化，为风险投资的发展提供了良好的环境。

3.5.4 其他中心

从省级层面来看，江苏和浙江是中国风险投资机构最为集中的省份。除北京、上海和深圳所在省份广东省[①]外，可以看出，浙江、江苏两省是全国风险投资机构数量最多的省份。截至 2013 年底，浙江和江苏两个省份的风险投资机构分别为 711 家和 670 家，而其他省区的机构数量除直辖市天津市的 281 家外，均不超过 200 家。究其原因，风险投资机构及投资事件在浙江和江苏两省的集聚分布与当地发达的民营经济是密切相关的。对于地方政府来讲，政府最重要的角色则在于“筑巢引凤”——依据地方特色，扶持和发展各类型企业，投资公司会因为好的投资标的不请自来（陈友忠 等，2011）。2009 年，浙江和江苏两省的私营企业数均已超过 4 万家，成为全国私营企业数量最多的 2 个省份。

省会城市是中国风险投资机构分布的区域性中心。如表 3.9 所示，省会城市往往是该省风险投资机构最为集中的地方。总体来看，不同省区风险投资机构分布存在空间差异。一些省区的风险投资分布较为集中，省会风险投资机构数量达到 80%以上，如甘肃省、青海省和西藏自治区风险投资机构总数很少，但完全集中在省会城市；山西、湖北、四川、陕西、云南省会风险投资机构数量所占比例达到 90%以上。而另一部分省区的风险投资机构较为分散，省会风险投资机构的数量仅占 50%左右，如山东省济南的风险投资机构分布是 16%，青岛占 25%，滨州、烟台、淄博等 14 个地级市都有风险投资机构的分

① 四个发展阶段中，深圳市风险投资机构数量分别占广东省总数的 83%、82%、81%、77%。

布，浙江省的风险投资机构分散在杭州、宁波、湖州、嘉兴、绍兴等多个城市。

表 3.9　省会城市风险投资机构数量占全省的比重

高度集中(≥80%)	甘肃、青海、西藏、陕西、湖北、四川、山西、贵州、黑龙江、吉林、广西、海南、新疆、湖南
相对集中(50%～80%)	河南、河北、江西、广东、福建
相对分散(≤50%)	江苏、安徽、浙江、辽宁、内蒙古、山东

注：深圳风险投资机构的数量占广东省机构总数的 77%，厦门风险投资机构的数量占福建省机构总数的 56%。

3.6　风险投资空间格局的国际比较

在发达国家风险投资发展过程中，风险投资的集聚分布是普遍存在的现象(Florida et al.，1988a；Martin et al.，2002；Chen et al.，2010)。通常来讲，风险投资机构及被投企业多集中在金融中心、高新产业集聚地、政治中心或者几个中心的结合体等。如表 3.10 所示，美国的风险投资机构和被投企业都集中在旧金山、波士顿和纽约(Chen et al.，2010)；加拿大的风险投资机构和被投企业主要集中在多伦多、卡尔加里和蒙特利尔(McNaughton et al.，1989)；丹麦的风险投资主要集中在哥本哈根(Lindgaard Christensen，2007)；英国风险投资集中在伦敦和英国东南部地区(Martin et al.，2002；Sunley et al.，2005)；法国的风险投资机构集中在巴黎；荷兰的风险投资集中在阿姆斯特丹(Martin et al.，2002)；意大利的风险投资机构几乎都在米兰和罗马(Martin et al.，2002；Sunley et al.，2005)。

表 3.10　各国风险投资集聚的城市

国家	风险投资集聚的城市(地区)
美国	旧金山、波士顿、纽约
英国	伦敦、英国东南地区
法国	巴黎
加拿大	多伦多、卡尔加里、蒙特利尔
荷兰	阿姆斯特丹
意大利	米兰、罗马
德国	汉堡、汉诺威、杜塞尔多夫、法兰克福、慕尼黑和柏林
丹麦	哥本哈根
中国	北京、上海、深圳

然而，不同国家风险投资的集聚程度存在差异。2000 年，丹麦首都哥本哈根的风险投资机构数量约占全国的 40%，风险投资管理资本占全国的 90.6%，投资事件占全国的 65%(Lindgaard Christensen，2007)；英国有 80%的风险投资机构总部位于英国东南部，60%以上的风险投资机构位于伦敦(Martin et al.，2002)；法国风险投资机构的四分之

三集中在首都巴黎(Martin et al.,2002);而德国由于地方银行系统的广泛存在,风险投资的分布相对分散,主要分布在汉堡、汉诺威、杜塞尔多夫、法兰克福、慕尼黑和柏林(Martin et al.,2002)。相比之下,中国风险投资行业的集中程度处于世界中等水平。北京、上海和深圳三个集聚中心的机构数量均低于全国总数量的50%,北京约占全国的1/3,上海和深圳分别占全国总数的20%左右。

从长期来看,风险投资的空间分布是不断变化的。Mason等(2002)指出,英国的风险投资分布在20世纪80年代高度集中于大伦敦和英国东南部,但是在90年代英国风险投资大规模发展的时期,风险投资的集中性开始降低。其中,经典风险投资(Classic Venture Capital,指投资于初创的、具有较大增长潜力企业的风险投资)仍然集中于伦敦、英国东南部和苏格兰,但是商人风险投资(Merchant Venture Capital,指通过大规模买进和卖出实现企业重构的风险投资)集中程度降低。

从长期来看,中国风险投资的空间分布经历了从集聚向分散的发展过程。在中国风险投资行业发展的早期,风险投资机构和投资事件主要在经济发达城市集聚,包括北京、上海、深圳、行政级别较高的城市以及一些省会城市。随着行业的发展,经济发展核心区域的企业已经基本上都被筛选投资完毕,因此风险投资机构和投资事件的分布范围逐渐扩大,一些偏远地区的优秀企业也被纳入投资范围,如制造业、医药行业、农业等。从前面的数据分析也可以看出这一发展过程,在20世纪90年代还只是少数城市有风险投资机构,发展至2013年,风险投资机构已经遍布全国所有省份。从几个集聚中心所占的百分比来看,虽然风险投资机构的数量一直在增加,但是北京风险投资机构在全国的占比却从28%降为20%,上海从20%降为18%,深圳从14%降为11%(表3.5)。这也说明在风险投资发展的过程中不断有新的风险投资机构在北京、上海和深圳以外的城市出现,使得风险投资机构的空间格局更为分散。

然而,考虑到地区创新经济发展的持续性潜力,当非经济核心区的企业大部分被投资后,未来风险投资机构和投资事件的空间分布依然可能是在经济发达地区进一步集聚。此外,在中国风险投资行业发展相当长的一段时间内,上市是中国风险投资退出的主要渠道之一,上市企业集聚分布的地区(潘峰华 等,2013a,2013b;Pan et al.,2014b)往往也是风险投资集聚的地区。随着资本市场的变化,并购又将成为风险投资市场的重要退出渠道之一(张琦,2014),这些都有可能成为影响风险投资机构及投资事件空间分布的因素。

3.7 小　结

本章采用详尽的风险投资机构和被投企业的数据,首次系统地分析了中国风险投资的空间格局及其影响因素。结论如下。

首先,从不同时期来看,中国风险投资机构和投资事件的空间分布经历了从东部沿海向中部、西部逐步扩展的发展过程。中国风险投资机构及投资事件的空间分布总体上呈现不均衡的空间分布形态，主要集中在中国的东部地区。风险投资的空间流动具有 3 个显著特征：在经济发达地区之间频繁流动、从经济发达地区流向欠发达地区流动以及投资的本地化。其中，北京、上海、深圳和天津的风险投资机构属于外向型的，而杭州、广州等省会城市风险投资机构则属于内向型的。从不同所有制风险投资机构的空间分布和投资范围来看，本土风险投资机构的空间分布较为分散，而外资风险投资以北京和上海最为集中。外资、合资、民营和中央政府背景的风险投资机构的投资范围较为广泛，而地方政府背景风险投资机构的投资范围出于服务当地经济发展的需要，明显集聚于本地。

此外，从对风险投资机构和投资事件空间分布影响因素的分析得出，城市的创新能力、交通通达性、经济发展水平和产业结构、金融基础、制度和政策因素等都与风险投资的空间格局高度相关。

将风险投资的集聚在城市层面进行比较可以发现，风险投资在北京、上海和深圳的集聚分布尤为突出。其中，北京是中国风险投资行业集聚的最大中心，上海位居第二，深圳第三。此外，民营经济较为发达的江苏和浙江也是风险投资机构最为集中的省份，省会城市是中国风险投资机构分布的区域性中心。

通过风险投资空间格局的国际比较发现，风险投资往往集聚于金融中心、高新技术集聚地、行政中心，或者是几个中心的结合体。相比之下，中国风险投资的集聚程度处于世界中等水平。且从长期来看，中国风险投资行业的空间集聚态势总体上呈现从集聚向分散化的发展趋势，未来的发展可能进一步集聚。

在国外的研究中，关于政府该如何布局风险投资的问题引起了激烈的讨论(Martin et al.,2002)。一部分学者认为缺少风险投资机构的地方应该增加公共风险投资基金，以促进区域经济发展(Mason et al.,2001)。但是还有很多学者认为风险投资机构的缺失不会对区域创新性经济发展造成影响(Florida et al.,1993,1988a)。因为资本的流动性很高，资本主要流向发展机会好、投资回报高的地区(Florida et al.,1993)。Martin 等(2002)对欧洲风险投资布局应该像美国一样集中布局，还是应该在发达地区和落后地区均衡布局进行了分析，指出欧洲风险投资布局不能简单地模仿美国，欧洲内部不同国家应该采取不同的风险投资发展策略，竞争优势明显的国家和地区可以形成风险投资集群，而竞争优势较弱的地区不适合形成集群。

中国风险投资行业的发展有其独特性。国家对金融市场的宏观调控力度较大，风险投资是在政府主导下发展起来的，行业发展受国家金融制度改革、法律法规变化等多方面的制约和影响。Zhang(2011)指出，不了解中国制度环境的总体变化，就无法理解中国风险投资产业的空间格局，中国的制度既保证风险投资顺利循环，也约束风险投资行业的发展。在中国投资发展的过程中，政府介入风险投资行业既有成功的经验，也有失败的教训(罗明忠 等,2004)。Pukthuanthong 等(2007)指出，在未来中国风险投资的发展中，中国政府应该加强知识产权保护，建立有利于高新技术企业和风险投资行业的政策，推动风险投资的发展。随着中国经济的不断增长，加之教育体系不断培育优秀人才，中国风险投资行业在未来将会继续扩大和发展(Pukthuanthong et al.,2007)。中国地区经济发展水平不平衡，风险投资的空间差异较大。

因此，中国风险投资行业的发展应该因地制宜，采取适合中国风险投资行业发展的空间布局策略。地方政府应该集中发展特色产业和经济，积极引导风险投资机构进驻当地的优势产业，从而有效增进区域创新能力提升(王玉荣 等,2012)。推广江苏、浙江地区那样"筑巢引凤"的做法(陈友忠 等,2011)，营造创新氛围，用好企业吸引风险投资机构的入驻，从而促进创新型经济发展。

第4章 中国风险投资及被投企业之间的空间邻近性

4.1 引 言

风险投资作为企业股权融资的重要方式，通过私募形式对企业进行权益性投资，然后在企业发展成熟、投资实现增值后，通过上市、并购或管理层回购等方式出售持股获利[①]。从风险投资机构发现和确定项目开始，需要经历谈判、尽职调查等程序了解被投企业。达成投资意向后，确定最终条款、融资、完成交易。投资后，还要涉及后续的项目管理，直到投资退出，获得收益。在整个过程中，风险投资机构和被投企业之间存在紧密联系。

距离是影响经济活动的重要因素(Gertler，1995；Storper et al.，2004)。风险投资机构和被投企业之间的距离也已成为学者关注的研究对象(Martin et al.，2005；Lindgaard Christensen，2007；Fritsch et al.，2008；Jones，2009)。风险投资机构在选择被投企业时，更加倾向于选择近距离的企业进行投资，这种现象被称为风险投资与被投资企业之间的空间邻近性(spatial proximity effect)(Martin et al.，2005)。Mason 等(1992)指出，风险投资机构的投资范围在距离办公地址 1～2 小时的时间范围内。Powell 等(2002)指出，由于隐性知识、面对面交流、跨项目学习和管理能力在对生物技术项目投资过程中的重要性，1988—1999 年期间，约有一半的美国生物技术项目都得到了本地风险投资的支持。Zook(2002)的研究表明，风险投资机构为了便于获取企业信息、监管企业发展，更加倾向于近距离投资，旧金山湾风险投资机构的投资范围在“1 小时”车程范围内。Sorenson 等(2001)研究表明，美国风险投资机构投资于目标公司的可能性随两者之间距离的增加急剧减少。Marin 等(2005)的研究表明，随着风险投资和被投企业之间距离的增加，信息的不完整性和投资风险更大，因此英国和德国被投项目主要集中在风险投资机构密集的地区。Jones(2009)也证实了英国风险投资机构与被投企业之间的空间邻近性的重要性。

近些年，中国风险投资行业取得了快速发展。风险投资机构与被投企业之间的

---

① http://www.nvca.org/。

空间关系也引起了学者的关注。有研究指出，由于“关系”或者说是个人社交网络的使用在中国的投资中是不可或缺的，可以弥补信息的短缺，而投资者和投资对象之间信任、可靠关系的培育是高度本地化的，因此中国的风险投资对距离的依赖性比西方国家更强(Kambil et al. ,2006)。中国风险投资集聚中心的区位等级就是在空间邻近效应的推动下形成的，空间邻近效应使风险投资机构的总部位于技术型企业集聚中心(Zhang,2011)。李志萍等(2014)使用了 2010—2012 年的相关数据，证实了中国风险投资机构投资过程中地理邻近性的存在，其结论与对德国风险投资空间邻近性研究极为类似，即随着空间距离的增加，投资达成可能性会降低，投资事件的交易规模和风险投资机构的管理资本量会对投资关系达成的可能性起调节作用(Lutz et al. ,2013)。

鉴于中国风险投资行业发展的独特性，风险投资机构及被投企业之间空间邻近性研究尚存在不足之处。首先，缺乏对制度因素的分析。中国制度环境不同于西方国家(Peng et al. ,1996)。由于体制和观念上的原因，政府是中国风险投资行业发展的主导(Pukthuanthong et al. ,2007)。中国早期的风险投资机构绝大多数都是在政府支持下发展起来的，政府是风险投资主体，以“官办民营”的模式为主(魏建国，2000；关志敏，2008)，这些风险投资机构大都由各级政府出资组建，运行模式采用国有企业的模式。20 世纪 90 年代，外资风险投资机构在中国占主导地位(Zhang,2011)。2000 年之后，民营风险投资机构又逐渐成为行业的主力军之一。与国有企业相比，民营企业在获取信息、资源等方面明显处于劣势(Peng,2001)。不同所有制形式的风险机构运行机制之间的差异是否会导致其对空间邻近性的依赖程度不同，是值得进一步研究的议题。其次，缺乏对被投企业行业属性的分析。美国等发达国家的传统行业已经发展相当成熟，没有较高的成长空间，风险投资主要投向科技、媒体和通讯(Technology Media Telecom，TMT)、医疗服务、生物科技、环保等领域，而中国传统行业的发展空间巨大，成长性不亚于高科技行业，因此一些制造业企业也成为重要的投资对象(陈友忠 等，2011)。不同行业属性的被投企业对空间邻近性依赖程度是否存在差异也是值得探讨的问题。

本章利用中国风险投资机构及投资事件的属性数据，通过实证验证了在中国独特的制度背景下，空间距离对风险投资机构和被投企业之间投资关系达成可能性的影响。具体内容安排如下：首先，分析了中国风险投资机构和被投企业之间空间距离的时序变化规律；然后，基于截至 2013 年底的数据，对风险投资机构及其被投企业之间的空间邻近性进行了实证研究，不仅验证了空间距离对风险投资关系达成可能性的影响，而且还分析了影响风险投资机构与被投企业之间空间距离的因素，着重分析了不同所有制属性的风险投资机构、不同行业属性的被投企业对空间邻近性的依赖程度的差异。

4.2　风险投资机构和被投企业之间空间距离的时序变化规律[①]

4.2.1　总体规律

总体来看，2000—2013 年间，中国风险投资机构和被投企业之间的年平均距离呈现先增长、后减少的趋势(图 4.1)。2000 年，中国风险投资机构和被投企业之间的年平均距离最小，为 487 km。在之后的 10 年间，风险投资机构和被投企业之间的年平均距离呈波动增加的趋势，2010 年达到最大值 742 km。从 2011 年开始，在随后的 3 年间，风险投资机构和被投企业之间的年平均距离出现了小幅下降，分别为 722 km、693 km 和 687 km。由此可以得出，中国风险投资机构与被投企业之间的年平均距离是由近到远，再回归近距离投资的变化规律。

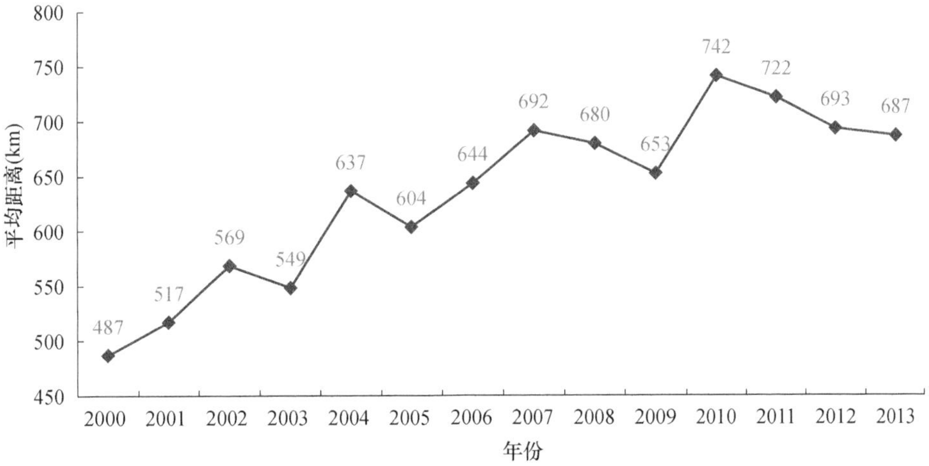

图 4.1　2000—2013 年投资机构与被投企业之间的年平均距离

这与 Lindgaard(2007)对丹麦的研究结果存在相似之处。Lindgaard 对丹麦的研究表明，按照时间发展的顺序，风险投资机构与被投企业之间的年平均距离呈倒“U”形。Lindgaard 对此的解释是因为风险投资的地理专业化程度不同而导致的。在风险投资行

① 数据源于清科数据库，并对数据进行了整理和完善。截至 2013 年底数据库中共包含 20983 起投资事件，除去风险投资机构和被投企业所在城市不披露的投资事件，剩余 17521 起投资事件。由于 2000 年以前的投资事件数量较少，图中只显示了从 2000 年到 2013 年的年平均距离。风险投资机构和被投企业之间空间距离的计算如下：首先确定风险投资机构总部所在城市和被投企业所在城市，然后在 ArcGIS 10.1 中使用 ArcToolbox 中的 Near proximity 工具测量两个城市之间的直线距离作为风险投资机构和被投资企业之间的空间距离，本市投资选取该城市的城市半径作为两者之间的空间距离。

业发展的早期，投资机构的投资经验少，可以选择的被投企业较多，风险投资机构主要在近距离范围内投资。随着风险投资行业发展越来越成熟，投资经验更加丰富，风险投资机构的投资范围开始扩大。然而，在行业发展的成熟期，由于市场竞争程度加强，风险投资机构开始专注于特定领域的投资，投资更加专业化，投资范围缩小。

中国风险投资与被投企业之间的年平均距离的变化规律有其制度原因。政府主导是中国风险投资行业发展的主要特征（Pukthuanthong et al.，2007）。早期风险投资机构主要是通过行政手段设置于政治中心、经济中心和各省会城市，大多属于政府所属。该阶段风险投资机构经验不足，不具备远距离投资能力，倾向于近距离投资，如一些成立于高新区的产业基金主要投资高新区内的企业。而且，地方政府所属的风险投资机构因为需要服务当地经济而选择投资本地企业。至20世纪90年代，伴随着金融改革的深入，风险投资行业更加完善，外资风险投资机构在中国逐渐站稳脚跟，民营风险投资机构也不断壮大，因此风险投资的投资范围也不再局限于高新技术企业的集聚中心，而是在全国范围内选择投资目标。其中，本土风险投资机构最为突出。因为它们熟知国情，能够及时把握具有发展潜力的优秀项目，包括一些农业项目、边远地区的制造业项目等都得到了本土风险投资机构的青睐，如圣农发展就是这样的投资项目。然而，随着偏远地区优秀企业逐渐被投资完毕，风险投资机构的投资重点势必回归到创新潜力比较强的经济发达地区，投资范围变小。

4.2.2　按风险投资机构的所有制属性划分

目前，中国存在多种所有制类型的风险投资机构，包括外资风险投资机构、民营风险投资机构、中央政府所属的风险投资机构、地方政府所属的风险投资机构和合资风险投资机构。

由图4.2可以看出，不同所有制的风险投资机构与其被投企业之间的空间距离变化规律存在差异。首先，从年平均距离的数值来看，中央政府所属的风险投资机构与其被投企业之间的年平均距离最大，外资风险投资机构次之，地方政府所属的风险投资机构与其被投企业之间的年平均距离最小。这也说明，中央政府所属的风险投资机构和外资风险投资机构的远距离投资较多，而地方政府所属的风险投资机构的空间投资范围较小。其次，从变化趋势来看，中央政府所属的风险投资机构以及外资风险投资机构与其被投企业之间的年平均距离变化平缓，而地方政府风险投资机构和民营风险投资机构分别在2005年和2002年之后都呈现显著上升的趋势，这也说明地方政府所属的风险投资机构和民营风险投资机构投资的空间范围逐渐变大。

4.2.3　按被投企业的行业属性划分

在中国，不仅以TMT（Technology Media Telecom，科技、媒体和通信三个英文单词的简称）为代表的高新技术企业是风险投资的主要对象，而且各种类型的制造业也得到了

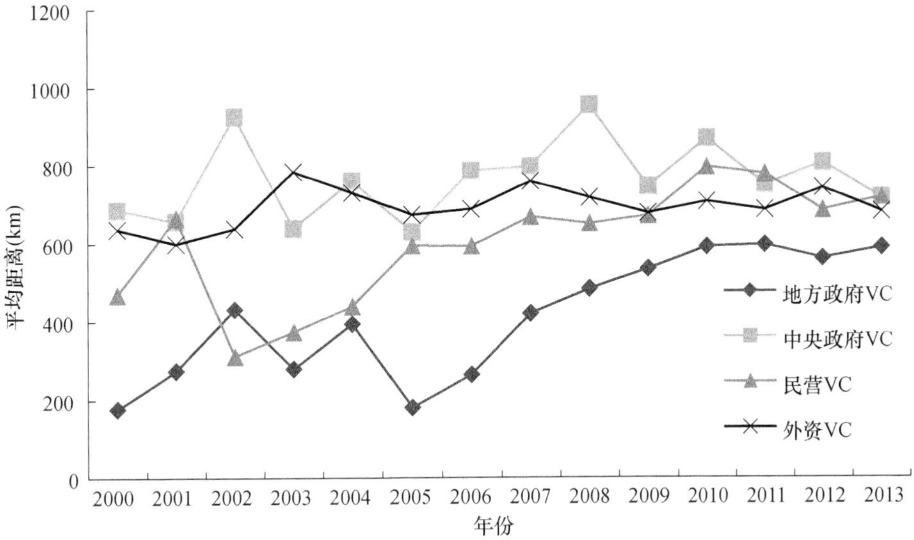

图 4.2　2000—2013 年不同所有制属性的投资机构与其被投企业之间的年平均距离

风险投资机构的广泛支持。

由图 4.3 可以看出，风险投资机构与其被投企业之间的空间距离的变化规律因被投企业的行业属性不同而存在差异。风险投资机构和 TMT 行业的被投企业之间的年平均距离基本小于制造业。这主要是因为 TMT 行业属于高新技术企业，这些企业的创业者往往是高新技术领域的工程师或技术人员，在拥有了创新技术后开始创业，但是他们往往比较缺乏现代企业管理经验。风险投资机构投资这些企业时，不仅需要提供资金，还需要提供管理、咨询和大量其他增值服务。因此，风险投资机构对这些企业的投资倾向于近距离投资。相比之下，制造业企业大多经历了长时间发展，具有成熟的管理模式和发展模

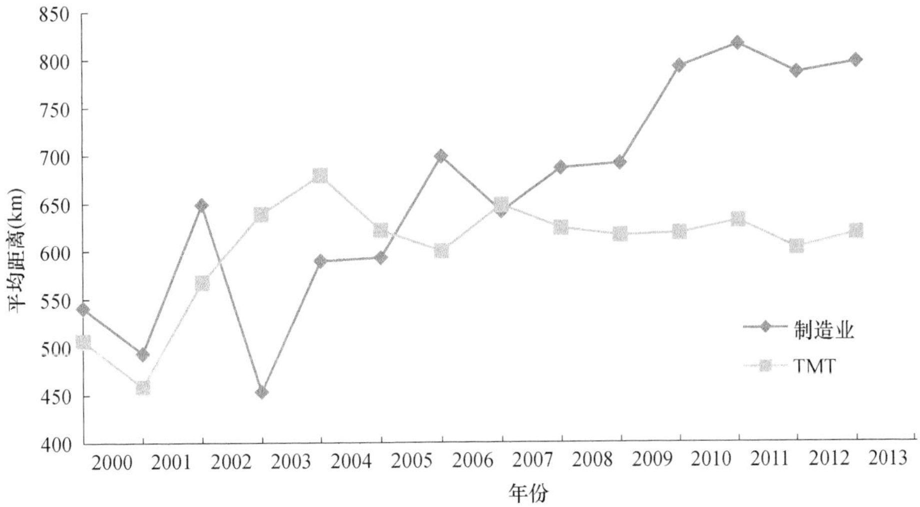

图 4.3　投资机构与其被投企业之间的年平均距离(2000—2013 年)

式,对风险投资的需求属于成熟期的扩张性融资。这些企业虽然需要风险投资机构的资金支持,但不希望风险投资机构过多干预企业管理,因此投资过程中对空间距离依赖小。

4.3 中国风险投资与被投企业之间空间邻近性的实证研究

4.3.1 研究假设

假设1:随着风险投资机构和被投企业之间空间距离的增加,投资关系达成的可能性会降低。

风险投资机构和被投企业之间的空间距离会影响投资达成的可能性,主要缘于以下几个方面的原因。

首先,近距离便于信息获取。良好的信息获取便于风险投资机构掌握被投企业运行情况。同时,风险投资机构的信息披露不足,企业如果想要获得风险投资机构的支持,也需要向投资机构提供信息、宣传自我。虽然目前通信技术的提高大大增强了人与人交流的便捷性,但是面对面的交流依然是经济活动中非常重要的交流方式(Storper et al.,2004)。随着距离的增加,信息不对称程度会进一步加深。

其次,近距离可以降低成本。在整个投资过程中,风险投资机构和被投企业之间接触频繁。从风险投资机构发现和确定项目开始,需要经历谈判和尽职调查,充分了解被投企业。在确定投资后,需要通过确定最终条款、融资以完成交易。投资后,还要涉及后续的项目管理,直至投资退出。风险投资机构需要花费大量管理成本。

第三,近距离投资的社会关系更容易建立。在中国,"关系"被认为是投资过程中不可缺少的因素(Kambil et al.,2006)。相近的文化、语言和生活环境便于投资者与被投企业之间的了解和信任关系的建立,从而促成投资关系的达成。

假设2:交易规模越大,空间距离对投资达成的可能性影响越小。

空间距离对投资达成可能性的影响还会受到其他因素的影响和干扰。交易规模就是其中重要的影响因素之一。交易规模对空间距离与风险投资达成可能性之间关系的调节作用呈倒"U"形(Lutz et al.,2013;李志萍 等,2014)。这主要是因为远距离的投资往往消耗沟通成本较多,这对于小规模的投资往往是不可取的,因此小规模的投资往往倾向于近距离投资。而大规模的交易往往是投资实力较强的大风险投资机构的投资,对投资成本的考量少,更加关注被投企业的品质和发展潜力。因此交易规模较大的投资往往不受距离的限制,会选择远距离的投资。

假设3:投资机构的规模对空间距离与投资达成的可能性呈反向调节作用。

风险投资的管理规模是影响空间距离对投资达成可能性的又一因素。风险投资机构的管理规模能够反映出该机构的投资经验。一般来说，投资经验丰富的投资机构，会有更多的投资者愿意把资金交予其管理，机构管理资金的能力更强，拥有更大的资本管理量，投资过程中受距离的限制较少。反之，管理资本量较小的投资机构，投资经验不足，更加倾向于近距离投资。

假设 4：空间距离与投资关系达成的可能性因风险投资机构所有制属性的不同存在差异

中国风险投资行业发展具有独特的制度环境，政府对风险投资市场监管力度大（Pukthuanthong et al.，2007），多种所有制类型的风险投资机构并存且其投资行为存在较大差异，如前面分析显示，中央政府所属的风险投资机构和外资投资机构多倾向于远距离投资，而地方政府所属的风险投资机构鉴于服务地方经济的需要，会更加倾向于近距离投资。

假设 5：被投企业处于不同发展阶段对空间距离与风险投资达成可能性的影响存在差异。

根据发展阶段不同，被投企业可以被分为初创期、扩张期和成熟期。一般来讲，初创期的企业往往都是由科学家或工程师等专业人员启动的企业，缺乏企业管理技巧（Gupta et al.，1992），这些企业未来的发展前景尚存在不确定性（Sapienza et al.，1996），比成熟阶段的企业更需要风险投资机构提供更多的管理和服务（Gupta et al.，1992）。因此，对初创期企业的投资更多来源于近距离的风险投资机构。相比之下，成熟期企业经营管理和发展模式都较为稳定，无须风险投资机构过多的监管和服务，对其进行投资的机构受距离的限制较小。

假设 6：被投企业因行业属性不同对空间距离与风险投资达成可能性的影响存在差异。

企业特征因行业属性不同而存在差异，如高科技类企业需要风险投资机构多方面提供服务和管理支持，对距离的依赖性强。而制造业企业经历了长时间的发展，具有成熟的经营理念和管理模式。它们需要风险投资机构的资金支持，但是不希望风险投资机构过多干预企业的管理，因此，二者之间的距离对投资达成可能性的影响较小。

4.3.2　数据和方法

4.3.2.1　数据

本章研究采用的数据来源于清科数据库。截至 2013 年 12 月 31 日，从清科数据库获取风险投资机构共 8591 家，获取风险投资事件共 20983 起。其中，明确投资机构所在城市和被投企业所在城市的投资事件为源于 2460 个投资机构的 17521 起投资事件，具体信息包括风险投资机构的名称、成立时间、管理资本总额、机构总部，以及被投企业的企业名称、所在地、所属行业、投资时间及额度等。

本章研究对投资机构和投资事件所在地、投资机构所有制属性等指标进行了完善和补充。其中，本土风险投资机构被分为三种类型，包括地方政府所属的风险投资机构、民营风险投资机构和中央政府所属的风险投资机构。国际风险投资机构的总部有全球总部、区域总部、中国总部和办事处等。本章研究对国际风险投资机构区位的统计采用的是中国总部。

其中，一些投资事件的属性信息缺失，无法用于统计分析，具体包括投资机构和被投企业所在城市、被投企业所属行业、投资阶段、投资额、机构管理资本量、机构所有制属性等缺失。经过筛选，能够适用于该研究的有效投资事件数量为7788起。

4.3.2.2 变量选取

(1)因变量

投资发生的可能性：用投资事件是否发生作为因变量。实际发生的投资事件取值为1，未发生的投资事件(匹配的投资事件)取值为0。

(2)自变量

① 风险投资机构与被投企业之间的距离

为了验证风险投资机构和被投企业之间的空间距离对投资达成可能性的影响，风险投资机构和被投企业之间的空间距离是重要的自变量之一。

② 交易规模

本章研究使用投资数据库中披露的投资金额作为衡量交易规模的指标，且将数据库中不同币种的投资额按照《中国统计年鉴》中的年平均汇率(以投资发生的年份为准)统一为百万元人民币。

表4.1 变量的解释

	变量名称	符号	解释
因变量	是否投资	Inve	实际发生的投资事件取值为1，匹配的投资事件取值为0
自变量	风险投资机构和被投企业之间的空间距离	Dist	LN(风险投资机构和被投企业之间的空间距离)
	投资金额	Inv-sum	LN(风险投资机构对被投企业的投资额+1)
	管理资本数量	Asse	LN(风险投资机构的管理资本量)
	是否外资风险投资机构	Fore	外资风险投资机构取值为1，其他类型取值为0
	是否民营风险投资机构	Priv	民营风险投资机构取值为1，其他类型取值为0
	是否地方政府所属风险投资机构	Loca	地方政府所属的风险投资机构取值为1，其他类型取值为0
	是否中央政府所属风险投资机构	Stat	中央政府所属的风险投资机构取值为1，其他类型取值为0
	是否高新技术企业	TMT	高新技术企业取值为1，其他类型取值为0
	是否制造业	Manu	制造业企业取值为1，其他类型取值为0
	是否初创期	Seed	被投企业位于初创期取值为1，否则取值为0
	是否成熟期	Matu	被投企业位于成熟期取值为1，否则取值为0

③ 风险投资机构的规模

风险投资机构的规模通过风险投资机构的管理资本量反映，且将数据库中不同币种的投资额按照《中国统计年鉴》中的年平均汇率（以机构成立的年份为准）统一为百万元人民币。

④ 风险投资机构的所有制属性

数据库中将风险投资机构划分为本土风险投资机构、外资风险投资机构和合资风险投资机构三种类型。本章进一步将本土风险投资机构划分为三种类型，分别为中央政府所属的风险投资机构、地方政府所属的风险投资机构和民营风险投资机构。其中，民营风险投资机构主要包括中国境内除国有风险投资机构、国有资产控股的风险投资机构和外资风险投资机构以外的所有风险投资机构，个人独资风险投资机构、合伙制风险投资机构、有限责任制的风险投资机构和股份有限制的风险投资机构均在此范围内。中央政府所属的风险投资机构和地方政府所属的风险投资机构分别是由中央政府和地方政府出资筹建的风险投资机构。

⑤ 被投企业所处阶段

被投企业根据所处阶段不同，可以分为初创期、扩张期和成熟期。

⑥ 被投企业所属行业

被投企业根据所属行业不同，可以分为制造业和 TMT 行业。

4.3.2.3　匹配过程

为了研究空间距离对风险投资达成可能性的影响，本研究中为被投企业匹配一个同样数量的匹配样本，即从同一年份、同一行业、同一发展阶段中随机匹配一批实际上未发生的投资企业，这些企业被认为是风险投资机构的潜在投资对象，用以进行投资可能性的分析。具体的匹配过程如下。

首先是将企业的行业属性进行合并和重新划分（表 4.2）。在清科数据库企业行业分类的基础上，本章将行业类别按照《国民经济行业分类代码表》（GB/T 4754—2011）重新进行划分，具体包括信息传输、软件和信息技术服务业，房地产业，教育业，制造业，采矿业，金融业，租赁和商务服务业，交通运输、仓储和邮政业，批发零售业，建筑业，农林牧副渔，文化、体育和娱乐业，科学研究和技术服务业，电力、热力、燃气及水生产和供应业，住宿和餐饮业共 16 个行业。

由于信息传输、软件和信息技术服务业，制造业，科学研究和技术服务业涉及企业数量过多，因此，将这些行业的企业按照二级行业分类法进行了细分。其中信息传输、软件和信息技术服务业被分为电信、广播电视和卫星传输服务，信息技术服务业，互联网和相关服务软件三个类别。制造业被分为医药制造业、家具制造业，电气机械和器材制造业，纺织服装、酒、饮料和精制茶制造业，服饰和皮革制造业，文教、工美、体育和娱乐用品制造业，汽车制造业，化学原料和化学制品制造业，石油加工、炼焦和核燃料加工，印刷和记录媒介复制业，造纸和纸制品业以及专用设备制造、仪器仪表制造业。科学研究和技术服务业被分为生物技术和环保两大类。

其次是匹配过程(表4.3)。第一步：同时满足同一投资年份、同一企业所属行业、同样企业发展阶段三个限制条件的企业匹配了6699个企业，占样本总数的86%。第二步：去掉企业发展阶段的限制，匹配了900个企业，占样本总数的11.6%。第三步：去掉所属行业的限制匹配了189个企业，占样本总数的2.4%。至此，对7788起投资事件匹配了一个未发生的投资事件样本，总量变为15576起。

表4.2 行业匹配的解释

按一级行业分类匹配的行业	房地产业，教育业，采矿业，金融业，租赁和商务服务业，交通运输、仓储和邮政业，批发零售业，建筑业，农林牧副渔，文化、体育和娱乐业，电力、热力、燃气及水生产和供应业，住宿和餐饮业
按二级行业分类匹配的行业	信息传输、软件和信息技术服务业，制造业，科学研究和技术服务业

表4.3 样本匹配过程

步骤	匹配的投资事件数量(起)	占匹配样本总数的比例
基于投资年份、企业所属行业和企业发展阶段进行匹配	6699	86.0%
去掉被投企业发展阶段的限制，仅基于投资年份和企业所属行业的限制	900	11.6%
去掉被投企业发展阶段和企业所属行业的限制，仅基于投资年份的限制	189	2.4%

表4.4显示了实际样本和匹配样本的比较。其中，实际发生样本的Dist均值为5.798，匹配样本的Dist均值为6.355，说明实际发生样本中，风险投资机构和被投企业之间的距离更近，匹配样本中，风险投资机构和被投企业之间的距离更远。

表4.4 匹配样本和实际样本的比较

	均值		最大值		最小值	
	实际样本	匹配样本	实际样本	匹配样本	实际样本	匹配样本
Dist	5.798	6.355	8.301	8.315	3.062	3.062
Asse	8.438	8.438	14.808	14.808	0.693	0.693
Inv-sum	3.447	3.447	10.315	10.315	0.009	0.009

4.3.3　回归结果

4.3.3.1　空间距离与投资可能性

表 4.5 给出了风险投资机构和被投企业之间空间距离与投资可能性之间的回归结果。其中，模型 1～12 中 Dist 的系数均为负数，且在 1%水平上显著，说明风险投资机构和被投企业之间的距离越远，投资达成的可能性越小，因此假设 1 成立。

模型 2 是验证交易规模对空间距离和投资可能性之间关系的影响。Inv-sum 与 Dist 交互项的系数为正，且在 1%水平上显著，说明交易规模增大，风险投资机构和被投企业之间的空间距离越远，投资可能性会越低。但是$(\text{Inv-sum})^2$ 与 Dist 的交互项的系数为负，且在 1%水平上显著，说明投资事件的交易规模对空间距离与投资关系达成可能性之间的关系起倒“U”形的调节作用，即随着投资事件交易规模的增大，风险投资机构与被投企业之间的空间距离对投资关系达成可能性影响增大，但是当交易规模达到一定程度后，随着投资事件的交易规模的继续增大，风险投资机构和被投企业之间的空间距离对投资达成的可能性的影响降低。假设 2 成立。

模型 3 是验证风险投资机构的管理资本对空间距离与投资可能性的影响。Asse 与 Dist 的交互项的系数为正，且在 1%水平上显著，说明风险投资机构的管理资本的增加，会对空间距离与投资关系达成的可能性之间的关系起反向的调节作用，也就是说，对于管理资本量高的风险投资机构，空间距离对投资达成可能性的影响不大，假设 3 成立。

模型 4～7 验证了风险投资机构的所有制属性对空间距离与投资可能性之间关系的影响。从模型 4 可以看出，Stat 与 Dist 交互项的系数为正，且在 10%水平上显著，说明空间距离对中央政府所属的风险投资机构与被投企业之间投资关系能否达成影响不大，中央政府所属风险投资机构会选择远距离投资。从模型 5 可以看出，Loca 与 Dist 交互项的系数为负，且在 1%水平上显著，说明空间距离对地方政府所属的风险投资机构与被投企业之间投资关系能否达成影响较大，随着空间距离的增加，投资达成的可能性降低，也就是说，地方政府所属的投资机构多是近距离投资。模型 6 中，回归系数不显著，因此无法判断出民营风险投资机构的情况。从模型 7 可以看出，Fore 与 Dist 交互项的系数为正，且在 1%水平上显著，说明空间距离对外资风险投资机构与其被投企业之间投资关系能否达成影响不大，外资风险投资机构会选择远距离投资。假设 4 成立。

模型 8 和模型 9 是验证被投企业发展阶段对空间距离与投资可能性之间关系的影响。从模型 8 可以看出，Seed 与 Dist 交互项的系数为负，且在 10%水平上显著，说明空间距离对初创期阶段的企业与投资机构之间投资关系能否达成影响较大，随着空间距离的增加，投资达成的可能性降低。从模型 9 可以看出，Matu 与 Dist 交互项的系数为正，且在 10%水平上显著，说明空间距离对成熟型企业与投资机构之间投资关系能否达成的影响不大。因此，被投企业处于初创期，多是得到近距离风险投资机构的投资；而处于成熟期的企业，可以得到远距离投资机构的投资。假设 5 成立。

表 4.5　风险投资机构和被投企业之间的空间距离与投资可能性

Logistic 回归		模型 1	模型 2	模型 3	模型 4	模型 5	模型 6	模型 7	模型 8	模型 9	模型 10	模型 11	模型 12
因变量	Inve												
	Dist	−0.295***	−0.812***	−0.777***	−0.303***	−0.224***	−0.295***	−0.384***	−0.285***	−0.311***	−0.323***	−0.275***	−1.11***
	Inv-sum		−1.35***										−1.228***
	$(Inv\text{-}sum)^2$		0.127***										0.133***
	Inv-sum×Dist		0.243***										0.224***
	$(Inv\text{-}sum)^2$×Dist		−0.023***										−0.024***
	Asse			−0.341***									−0.215***
	Asse×Dist			0.057***									0.038***
	Stat				−0.397								−0.705
自变量	Stat×Dist				0.071*								0.116
	Loca					2.812***							1.849***
	Loca×Dist					−0.479***							−0.324***
	Priv						0.067						−0.498
	Priv×Dist						0.918						0.083
	Fore							−1.487***					−0.986**
	Fore×Dist							0.239***					0.158**
	Seed								0.252				0.157
	Seed×Dist								−0.057*				−0.035
	Matu									−0.223			−0.204
	Matu×Dist									0.049*			0.038
	TMT										−0.348**		−0.114
	TMT×Dist										0.043*		0.013
	Manu											0.727***	0.275
	Manu×Dist											−0.104***	−0.041
	样本数量	15576	15576	15576	15576	15576	15576	15576	15576	15576	15576	15576	15576
	常量	1.798***	4.668***	4.685***	1.838***	1.372***	1.781***	2.36***	1.752***	1.867***	2.018***	1.656***	6.388***
	R^2	0.053	0.061	0.059	0.053	0.069	0.053	0.061	0.054	0.054	0.054	0.054	0.081

注：*为在10%水平显著，**为在5%水平显著，***为在1%水平显著。

模型 10 和模型 11 是验证被投企业行业属性对空间距离与投资可能性之间关系的影响。从模型 10 可以看出，TMT 与 Dist 交互项的系数为正，仅在 10%水平上显著，说明空间距离对 TMT 类企业与风险投资机构之间投资达成可能性的影响不大，这可能与中国存在多个高新技术创业企业和风险投资机构集聚区，跨区域投资现象较为普遍有关。从模型 11 可以看出，Manu 与 Dist 交互项的系数为负，且在 1%水平上显著，说明空间距离对制造类企业与风险投资机构之间投资关系能否达成的影响较大，即距离越远，投资达成的可能性越低。假设 6 不成立。

4.3.3.2　不同时段投资空间距离与投资可能性之间的度量

对不同时段投资空间距离对投资可能性的度量，可以看出空间距离对投资可能性影响的变化趋势。由表 4.6 可以看出，1999—2003 年、2004—2008 年、2009—2013 年三个时间段的投资距离和投资可能性之间的系数分别为－3.118，－1.179，－0.924，均在 1%水平上显著。由此可以得出，投资的空间距离对投资可能性的影响是逐渐降低的。在 1999—2003 年间，随着空间距离的增加，投资关系达成难度增大，因此风险投资机构多为近距离投资。发展至 2009—2013 年间，空间距离的增加对投资可能性的影响减少，即使风险投资机构和被投企业相距较远，投资依然可能达成。这主要是因为随着风险投资行业不断发展壮大，风险投资机构的投资经验变得更加丰富，投资能力提升，投资范围更加广泛，受空间距离的约束减小。

表 4.6　不同时段投资的空间距离与投资可能性

Logistic 回归		模型 13	模型 14	模型 15
因变量	Inve			
自变量	Dist	－3.118***	－1.179***	－0.924***
	Inv-sum	－3.933***	－1.425***	－0.828***
	Inv-sum×Dist	0.688***	0.26***	0.154***
	$(\text{Inv-sum})^2$	0.469***	0.156***	0.09***
	$(\text{Inv-sum})^2\times$Dist	－0.083***	－0.028***	－0.017***
	Asse	－0.606***	－0.193**	－0.197***
	Asse×Dist	0.115***	0.033**	0.034***
	Stat	－3.874	－1.23	－0.334
	Stat×Dist	0.616	0.211	0.057
	Loca	1.637	2.829***	1.427**
	Loca×Dist	0.389	－0.487***	－0.025**
	Priv	－0.486	0.224	－0.741
	Priv×Dist	0.015	－0.03	0.123
	Fore	0.114	－1.072	－1.059*

续表

Logistic 回归		模型 13	模型 14	模型 15
自变量	Fore×Dist	−0.076	0.182	0.168*
	Seed	−0.234	0.094	0.166
	Seed×Dist	0.025	−0.020	−0.036
	Matu	0.407	0.187	−0.242
	Matu×Dist	−0.044	−0.028	0.044
	Manu	−0.518	0.026	0.324
	Manu×Dist	0.084	0	−0.049
	TMT	−4.387***	−0.581	0.298
	TMT×Dist	0.678***	0.091	−0.054
	样本数量	764	4248	10482
	样本涵盖年份	1999—2003	2004—2008	2009—2013
	常量	18.341***	6.765***	5.315***
	R^2	0.29	0.088	0.071

注：* 为在 10%水平显著，* * 为在 5%水平显著，* * * 为在 1%水平显著。

4.3.4 结果分析

从数据计算结果可以看出，随着空间距离的增加，风险投资机构和被投企业之间投资关系达成的可能性会降低。风险投资机构和被投企业之间的空间距离与多种因素共同影响投资关系的达成。

(1)从投资机构的属性来看，风险投资机构的管理规模、所有制属性等都是影响风险投资机构和被投企业之间的空间距离与投资关系达成的因素。

首先，管理规模是反映风险投资机构实力的重要指标。管理规模大的投资机构往往是已经具备了丰富投资经验、较强资本管理能力和投资能力。这样的机构更能得到投资者的信任，从而在更大范围内获取投资。而在投资过程中，这些投资机构社会网络、承担风险的能力更加广泛，受空间距离的影响较小。反之，对于管理规模小的投资机构来说，远距离带来较高的交流成本、缺乏充分信息沟通带来的高风险等都是阻碍其远距离投资的重要因素。

其次，不同所有制属性的风险投资机构在投资过程中对空间距离的选择存在差异。其中，中央政府所属的风险投资机构往往拥有较强的资本管理水平、广泛的社会网络关系、较强的风险承受能力，投资受空间距离限制小。地方政府所属的风险投资机构多以支持当地经济发展为目标，因此往往是近距离投资，主要集中在本省。外资风险投资机构进入中国市场的早期，由于缺乏对中国市场的充分认识，投资的重点往往是经济发达地区的，能够在发达国家找到相似运行模式的企业，如对互联网企业的投资，随着外资风险投资机构在中国的本土化程度逐渐加深，投资范围逐渐扩展，受距离的限制越来越小。

(2)从被投企业来看，企业的发展阶段和行业属性不同，风险投资机构和被投企业之间的空间距离对投资关系达成的影响存在差异。

处于初创期的被投企业与投资机构之间的距离对投资关系能否达成影响较大，这主要是由于企业经营管理和发展模式尚不稳定，需要投资机构较多的监管和服务，因此对初创期企业的投资往往都是近距离投资。而相比之下，处于成熟期的被投企业与投资机构之间的距离对投资关系能否达成的影响不大，因为成熟期的企业发展模式和经营管理较为稳定，投资后不需要过多的监管和服务，因此受距离的限制小。

(3)从投资事件来看，投资事件的交易规模的大小也是影响风险投资机构和被投企业之间空间距离的重要因素。交易规模小的事件，风险投资机构和被投企业之间的距离较小。一般情况下，小规模的交易往往是小规模投资机构的投资。由于比较注重管理成本，投资能力有限，倾向于近距离投资。随着交易规模的扩大，风险投资机构的投资受距离的约束逐渐减小。交易规模大的投资机构具有较强的投资实力，更注重被投企业的品质，管理成本只在投资中占极小的份额，因此，距离不会是投资的障碍。但是当投资规模达到一定程度上，风险投资规模继续扩大，风险投资机构和被投企业之间的距离会转为近距离投资。这是因为投资规模达到相当程度时，意味着更大的投资风险，投资机构需要对被投企业有更加详细的了解，更为尽责的后期监管，因此会更加倾向于近距离投资。

(4)从不同时段投资空间距离对投资可能性之间的影响可以看出，空间距离对投资可能性影响的变化趋势是逐渐降低的。在行业发展早期，风险投资机构的投资能力有限，受距离约束较大，随着空间距离的增加，投资关系达成难度增大，此时多为近距离投资。随着行业不断发展壮大，风险投资机构的投资经验更加丰富，投资能力提升，受空间距离的约束减小，远距离投资增多。

4.4 小 结

本章利用大约 30 年的风险投资机构和被投企业的相关数据，研究了风险投资机构和被投企业之间的空间邻近性，主要结论如下。

第一，从时间序列来看，风险投资机构和被投企业之间的空间距离呈现由近到远的发展过程。且不同所有制形式的风险投资机构和被投企业之间的空间距离变化趋势不同。中央政府所属风险投资机构和外资风险投资机构与被投企业之间的距离较大，地方所属风险投资机构和民营风险投资机构的较小。此外，风险投资机构对制造业投资的年平均距离整体大于对 TMT 类企业投资的年平均距离。

第二，对风险投资机构与被投企业之间的空间距离与投资达成的可能性的实证分析发现，随着空间距离的增加，投资达成的可能性降低。且空间距离与投资达成的可能性还受到多种因素影响，包括风险投资机构的资本管理规模、所有制属性、交易规模的大小、被投企业的行业属性和发展阶段等。

本章的结论与企业访谈中的发现存在一致性。据京西创投、昆吾九鼎的相关人员介绍，距离因素在风险投资的早期更为重要，现在随着通信技术和互联网的应用普及，距离因素造成的障碍在减少，但是在投后管理中，距离仍然是重要的影响因素。

本章对中国风险投资机构和被投企业之间空间邻近性的研究是对已有研究的完善和补充。虽然已有文献对发达国家风险投资过程中的空间邻近性已经进行了探讨（Martin et al.，2005；Jones，2009；Chen et al.，2010；Cumming et al.，2010），印证了距离对投资关系达成的重要性，但是中国风险投资行业发展具有不同之处（Bruton et al.，2003；Kambil et al.，2006；Ahlstrom et al.，2007；Zhang，2011）。本章在前人研究的基础上，加入了对风险投资机构制度属性以及被投企业行业属性的考量，可以看出，在中国，距离对不同所有制属性的风险投资机构、不同行业属性的被投资企业的影响是存在差异的。

风险投资对经济发展的发动作用在发达国家已经得到广泛的证实（Florida et al.，1988a；Florida et al.，1988b；Mason et al.，2013），对中国风险投资机构空间投资行为的研究能够为行业发展提供参考。然而，投资是个复杂的过程，受社会、文化、经济、政策以及投资者自身等多方面因素影响。本章只是讨论了风险投资机构和被投企业的自身属性的影响，但是对风险投资家的受教育经历、成长环境、社会关系等主观因素的研究不足。此外，实证分析得出，空间距离增加会降低投资可能性，能否就此说明风险投资普遍是近距离投资呢？这些问题有待进一步研究。

第 5 章　联合投资能否克服空间距离对风险投资的影响

5.1 引　言

从对风险投资空间格局以及风险投资与被投企业之间空间邻近性的研究可以得出，一是风险投资机构和被投企业在空间上呈集聚的分布形态，二是空间距离是影响风险投资机构和被投企业之间投资关系能否达成的重要因素。从理论上来讲，在这两个规律的共同作用下，拥有较多风险投资机构的区域，当地企业有充分的机会获取风险投资，而没有风险投资机构或者风险投资机构少的地区，当地企业很难获取风险投资的支持，从而出现风险投资供给中的“资本空白”(equity gap)(Mason et al.,1992,1995)。中国同发达国家(Mason et al.,1992,1995)一样，也存在风险投资供给中的“资本空白”区域。

如何弥补“资本空白”，达到促进地区创新型经济发展和区域经济增长的目的，成为政府和学术界共同关注的问题。英国政府通过设立区域风险投资基金均衡地区之间的风险投资分布(Mason et al.,2001)，用以解决英国风险投资主要集中在伦敦和英国东南部(Mason et al.,2002)的不均衡分布问题。从 20 世纪 80 年代到 90 年代末英国风险投资空间分布的变化来看，政府设立的区域风险投资基金对弥补“资本空白”不是很有效(Mason et al.,2002)。Martin 等(2005)对英国和德国的研究指出，英国和德国都存在“资本空白”，在没有金融基础的地方很难建立大规模的风险投资市场。

然而，已有研究表明，联合投资是克服空间距离远对风险投资造成影响的重要途径(Florida et al.,1988a;Fritsch et al.,2008,2012)。从参与每次投资事件的投资机构数量来看，有单独投资和联合投资两种形式。其中，单独投资就是一个投资事件中只有一个投资机构参与。而两个以上的风险投资机构共同投资一个被投企业的投资被称之为联合投资(Lerner,1994)。联合投资中各个风险投资机构发挥着不同的作用(Wright et al.,2003)。Florida 等(1988a)对美国风险投资的研究指出，风险投资和被投企业之间的空间邻近性可以通过联合投资得以缓和。Fritsch 等(2008,2012)的研究得出，在德国这样一个风险投资分布相对分散的国家，风险投资机构与被投企业之间由于相距较远而对投资关系达成所造成的影响，可以通过与距离投资企业较近的风险投资进行联合投资来解决。

Tykvová 等(2014)通过对世界范围内风险投资事件的分析指出,和当地风险投资的联合可以减少由于距离增加、制度差异大、缺乏当地经验而造成的负面影响。Mason 等(2002)指出,在风险投资全球化的背景下,从外部吸引风险投资资金和风险投资专业技术是解决风险投资"资本空白"的有效途径之一。

因此,要解决中国因风险资本供给不足而导致的区域创新型经济发展受阻的问题,研究中国风险投资联合投资的空间机制就显得尤为重要。中国风险投资行业的发展不同于西方国家(Bruton et al. ,2003;Pukthuanthong et al. ,2007),是在政府主导下发展起来的。政府通过规范的制度严格监管金融市场的发展。因此,在中国独特的制度环境和社会环境下,风险投资的联合投资受哪些因素影响和制约?距离是否会影响联合投资?能否通过与当地风险投资机构的联合投资降低距离对投资达成可能性的影响?这些都是值得探讨的议题。

本章主要验证中国风险投资中的联合投资能否克服空间距离造成的障碍。具体内容安排如下:首先,从整体上分析中国风险投资的联合投资现象;然后,通过实证分析验证空间距离、风险投资机构属性、投资事件属性、被投企业属性等对联合投资的影响,其中,重点探讨距离相关变量和联合投资的关系,并通过单独投资和联合投资的对比,验证了联合投资能否克服空间距离对投资造成的影响;最后是结论和讨论。

5.2 中国风险投资的联合投资现象分析

联合投资在中国是普遍存在的。根据对清科数据库的统计,截至 2013 年底,共有 17869 起投资事件,除去数据不详的投资事件,8940 起投资事件都属于联合投资,约占风险投资事件总数的 50%。正如北京启迪创投的工作人员介绍,只要有条件,他们愿意采用联合投资的形式,因为联合投资可以丰富他们的资源,分散投资风险。

各种所有制属性的风险投资机构联合投资的倾向性不同。中国存在多种所有制属性的风险投资机构,包括政府所属的风险投资机构、外资风险投资机构和民营风险投资机构等。Zhang(2011)指出中国外资风险投资机构比本土风险投资机构更多选择联合投资,不仅外资风险投资机构之间进行联合,而且外资风险投资机构和本土风险投资机构之间也存在联合投资。这主要是因为外资风险投资机构不熟悉中国市场,联合投资可以减低投资风险。

此外,风险投资的远距离投资在中国普遍存在。17869 起投资事件中有 15559 起投资事件具有风险投资机构和被投企业之间的距离,按照距离区间统计投资事件的数量,得出图 5.1。图 5.1 显示了中国风险投资机构和被投企业之间空间距离的分布特征。其中,约有 38%的投资事件发生在风险投资机构和被投企业相距 100 km 的范围内,45%的投资事件发生在风险投资机构和被投企业相距 200 km 的范围内,约有 55%的投资事件发生在风险投资机构和被投企业相距 200 km 以外的范围。

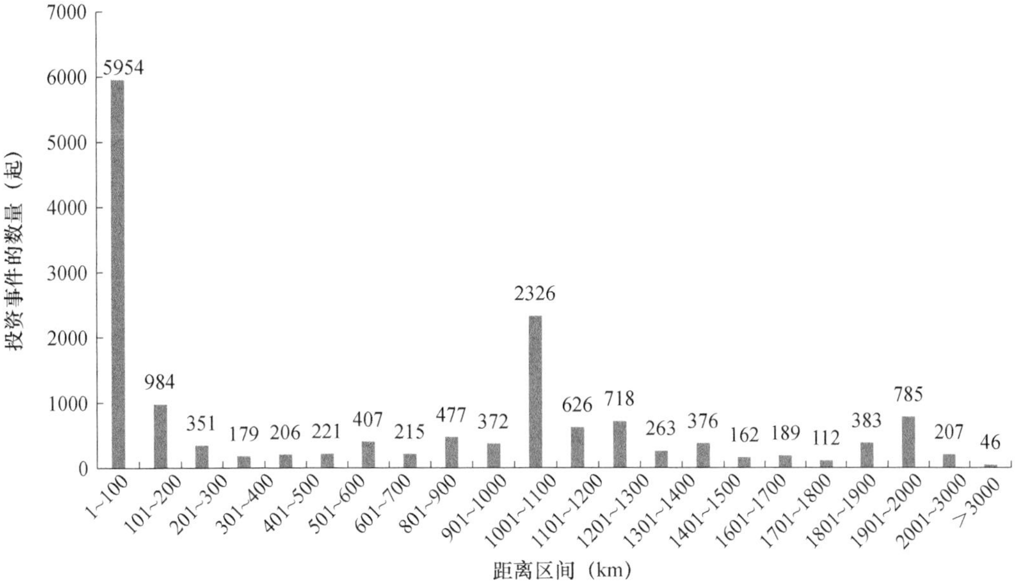

图 5.1　中国风险投资事件在不同距离区间的分布

值得注意的是，1001～1100 km、1201～1300 km 和 1901～2000 km 区间是大于 200 km 的距离区间中投资事件数量最多的三个区间。这三个区间分别是北京-上海（1046 km）、上海-深圳（1227 km），以及深圳-北京（1934 km）三组城市所在的距离区间。三组城市的投资事件在三个距离区间占的比例分别为 80%、52%和 86%。这也说明，风险投资最为集聚的三个城市（北京、上海和深圳）之间的联合投资频繁。但是，是否距离越远，联合投资的可能性越大，这个问题还需要进一步验证。

5.3　中国风险投资的联合投资实证研究

5.3.1　研究假设

假设 1　距离被投企业越远，风险投资机构越倾向于联合投资

潜在的投资信息通常是在一定的地理空间范围内或一定的产业空间范围内流动（Sorenson et al.，2001）。随着空间距离的增加，信息不对称程度加深，制度差异增大，投资过程中的信息和代理等障碍会变得更加明显（Wright et al.，2005）。因此，距离被投企业越远，风险投资机构越倾向于联合投资。联合投资可以共享资源，分担投资风险（De Clercq et al.，2004），而且与被投企业当地的风险投资机构联合投资还可以增加对被投企业的了解,降低监管成本(Fritsch et al.,2012)。

假设 2　投资额大的交易事件中,风险投资机构倾向于联合投资

风险投资的特征之一就是高风险性。虽然在投资过程中,投资机构要对投资对象进行严格的调查和评估,但是风险投资依然具有较高的风险性和不确定性。在投资额度大的交易事件中,风险投资机构对投资的回报期待也会比较高(Martin et al.,2005),与其他机构的联合投资可以分散风险,共同承担对被投企业的管理和服务,因此投资额越大,联合投资的可能性越大。

假设 3　管理资本量大的机构联合投资的可能性低

一般来说,投资能力强、投资经验丰富、发展成熟的风险投资机构,拥有管理大额资本的能力。这样的机构风险承受能力较强,投资过程中不需要与其他机构联合投资。

假设 4　不同所有制属性的风险投资机构对联合投资的影响

随着距离的增加,地区之间制度差异增大、异地投资经验欠缺。在对当地实际情况不熟悉的情况下,外资风险投资机构与当地风险投资机构联合投资是普遍存在的现象(Tykvová et al.,2011,2014)。中国的制度环境与西方国家存在较大差异(Bruton et al.,1999,2003),外资风险投资机构在中国的投资更要注重于采取联合投资的形式,加强与本土风险投资机构的联合。

假设 5　被投企业不同发展阶段对联合投资的影响

风险投资机构的投资,尤其是对初创期创新型企业的投资往往要经历一个很长的周期,属于长期投资(Gompers et al.,2001)。依据被投企业所处的发展阶段不同,风险投资机构联合投资的原因也存在差异(Sorenson et al.,2001)。处于启动阶段的被投企业对资金的需求不是很高(De Clercq et al.,2004),单个风险投资机构也可以满足其资金需求,因此联合投资的可能性较低。处于成熟期的企业,企业的运行和管理比较稳定,对风险投资资金的需求相对较多,风险投资机构联合投资可以减少投资压力,分散风险(De Clercq et al.,2004)。此外,处于成熟阶段的企业更加需要从投资者那里获取多元化资源,联合投资可以加强投资者和企业之间的联系。

假设 6　与当地风险投资机构的联合投资可以克服距离带来的障碍

在联合投资中,当地风险投资机构具有远距离风险投资机构不具备的区位优势。首先是当地风险投资机构在当地具有广泛的社会联系。企业的发展过程不是孤立的,是否具备充足的社会关系也决定了企业发展的成败。当地风险投资机构往往更为熟悉当地的社会环境,在联合投资中能够发挥地方优势,利用地方资源。其次是当地风险投资机构的距离优势。虽然当今社会的信息技术和通信技术已经非常发达,但是面对面的交流仍然是经济活动中主要的交流方式(Storper et al.,2004)。风险投资属于长期投资,投资后的监管、咨询和服务对于企业的健康发展、确保投资的获利等都至关重要。但是远距离投资带来的时间成本和经济成本提升,会影响风险投资的投资决策。由于当地风险投资机构与被投企业相距较近,便于对企业的监督和管理。因此,本地风险投资机构被认为在联合投资中扮演着重要的角色(Tykvová et al.,2014)。与当地风险投资机构的联合投资能够克服距离带来的障碍(Fritsch et al.,2012)。

5.3.2 数据和方法

5.3.2.1 数据

本章研究采用的数据来源于清科数据库。截至2013年12月31日,从清科数据库获取风险投资机构共8591家,获取风险投资事件是共20983起。其中,明确投资机构所在城市和被投企业所在城市的投资事件为源于2460家投资机构的17521起投资事件,具体信息包括风险投资机构的名称、成立时间、管理资本总额、机构总部,以及被投企业的企业名称、所在地、所属行业、投资时间及额度等。

本章研究对投资机构和投资事件所在地、投资机构所有制属性等指标进行了完善和补充。其中,本土风险投资机构被分为中央政府所属的风险投资机构、地方政府所属的风险投资机构和民营风险投资机构。国际风险投资机构的总部有全球总部、区域总部、中国总部和办事处等。本研究对国际风险投资机构区位的统计采用的是中国总部。

其中,一些投资事件的属性信息缺失,无法用于统计分析,具体包括投资机构和被投企业所在城市、被投企业所属行业、投资阶段、投资额、机构管理资本量、机构所有制属性等缺失。经过筛选,能够适用于该研究的有效投资事件数量为7788起。

5.3.2.2 变量的选择和度量

(1)被解释变量

联合投资的可能性:用投资事件是否联合投资作为因变量。联合投资的投资事件取值为1,单独投资的投资事件取值为0。

(2)解释变量

① 风险投资机构与被投企业之间的距离

为了验证风险投资机构和被投企业之间的空间距离对联合投资达成可能性的影响,风险投资机构和被投企业之间的空间距离是重要的自变量之一。

② 交易规模

本研究使用投资数据库中披露的投资金额作为衡量交易规模的指标,且将数据库中不同币种的投资额,按照《中国统计年鉴》中的年平均汇率(以投资发生的年份为准)统一为百万元人民币。

③ 风险投资机构的规模

本研究使用风险投资机构的管理资本量来反映风险投资机构的规模,且将数据库中不同币种的投资额,按照《中国统计年鉴》中的年平均汇率(以机构成立的年份为准)统一为百万元人民币。

④ 风险投资机构的所有制属性

数据库中将风险投资机构划分为本土、外资和合资三种类型。本研究进一步将本土风险投资机构划分为中央政府背景、地方政府背景和民营风险投资机构三种类型。其中,中央政府所属的风险投资机构是指由中央政府出资的风险投资机构。地方政府所属的风险投资机构是指由地方政府出资筹建的风险投资机构。民营风险投资机构主要包括中国境内除国有风险投资机构、国有资产控股风险投资机构和外资风险投资机构以外的所有风险投资机构,个人独资公司、合伙制公司、有限责任公司和股份有限公司均在此范围内。

⑤ 被投企业所处阶段

根据被投企业所处阶段不同,可以将其分为初创期或成熟期。

⑥ 投资轮次

风险投资的投资轮次包含 A、B、C、D 等多轮投资。

⑦ 机构数量

单独投资的投资事件中,投资机构数量为 1,联合投资的投资事件中,投资机构的数量大于等于 2。其中,联合投资中,同一个风险投资机构对同一企业、同一时间的多次投资被认为是同一风险投资机构不同基金的投资,按照出现的次数计算机构数量。

⑧ 最小距离

联合投资中距离被投企业最近的投资机构与被投企业之间的距离。

⑨ 距离-最小距离

联合投资中,其中一个风险投资机构和被投企业之间的距离,减去联合投资中距离被投企业最近的投资机构与被投企业之间的距离。考虑到距离被投企业较近的风险投资机构便于对被投企业的监督和管理,二者之间的差值越大,联合投资的优势越明显。

各变量的解释见表 5.1。

表 5.1　变量的解释

变量名称	符号	解释
是否联合投资	Synd	联合投资的投资事件取值为 1,单独的投资事件取值为 0
风险投资机构和被投企业之间的空间距离	Dist	Ln(风险投资机构和被投企业之间的空间距离)
投资金额	Inv-sum	Ln(风险投资机构对被投企业的投资额)
管理资本数量	Asse	Ln(风险投资机构的管理资本量)
是否外资风险投资机构	Fore	外资风险投资机构取值为 1,其他类型企业取值为 0
是否地方政府所属的风险投资机构	Loca	地方政府所属的风险投资机构取值为 1,其他类型企业取值为 0
是否初创期	Seed	被投企业位于初创期取值为 1,否则取值为 0

续表

变量名称	符号	解释
是否成熟期	Matu	被投企业位于成熟期取值为 1,否则取值为 0
是否 A 轮投资	If(A)	A 轮投资取值为 1,否则取值为 0
机构数量	Numb	联合投资中涉及风险投资机构的数量
距离	Dist	Ln(联合投资中,其中一个风险投资机构和被投企业之间的距离)
最小距离	MiniD	Ln(联合投资中距离被投企业最近的投资机构与被投企业之间的距离)
距离-最小距离	Dist-MiniD	Ln(风险投资机构和被投企业之间的距离减去联合投资中距离被投企业最近的投资机构与被投企业之间距离得出的差值+1)

5.3.3 计算结果

5.3.3.1 影响联合投资的因素

表 5.2 显示了联合投资可能性与各影响因素之间的回归结果。

模型 1～7 中 Dist 的系数均为正数,且在 1%水平上显著,说明风险投资机构和被投企业之间的距离越远,联合投资的可能性越大,因此假设 1 成立。

模型 2 是验证交易规模对联合投资可能性的影响。由于 Inv-sum 的系数为正,且在 1%水平上显著,说明随着交易规模的增大,风险投资机构联合投资达成的可能性影响增大。假设 2 成立。但是由于$(\text{Inv-sum})^2$ 的系数为负,且在 1%水平上显著,说明当交易规模较小时,联合投资的可能性低,随着交易规模的增大,联合投资的可能性不断增强,但是当交易规模达到一定程度后,联合投资的可能性又开始降低。

模型 3 是验证风险投资机构的管理资本对联合投资的影响。Asse 的系数为负,且在 5%水平上显著,说明随着风险投资机构管理资本量的增大,联合投资的可能性降低,假设 3 成立。但是$(\text{Asse})^2$ 的系数为负,且在 5%水平上显著,说明风险投资机构的管理资本量达到一定程度后,联合投资的可能性开始增强。

模型 4 是验证风险投资机构的所有制属性对联合投资的影响。Fore 的系数为正,且在 1%水平上显著,说明外资风险投资机构联合投资的可能性大。Loca 的系数为负,且在 1%水平上显著,说明地方政府所属的风险投资机构联合投资的可能性不大。假设 4 成立。

模型 5 是验证被投企业的发展阶段对联合投资的影响。由于 Seed 的系数为负,且在 1%水平上显著,说明处于初创期的被投企业联合投资的可能性小。Matu 的系数为正,且在 1%水平上显著,说明处于成熟期的被投企业联合投资的可能性大。假设 5 成立。

模型 6 是验证投资轮次对联合投资可能性的影响。If(A)系数为负,且在 1%水平上显著,说明A轮投资联合投资的可能性小。假设6成立。由于企业的A轮投资往往发生在企业的早期初创阶段,所以模型6也进一步验证了模型5中提到的初创期的企业联合投资的可能性小。

表5.2 影响联合投资的因素

Logistic 回归	模型1	模型2	模型3	模型4	模型5	模型6	模型7
Dist	0.068***	0.067***	0.07***	0.053***	0.041***	0.059***	0.039**
Inv-sum		0.271***					0.103
(Inv-sum)^2		−0.42***					−0.041***
Asse			−0.153**				−0.186***
(Asse)^2			0.009**				0.01**
Fore				0.229***			0.438***
Loca				−0.311***			−0.294***
Seed					−0.776***		−0.819***
Matu					0.182***		0.232***
If(A)						−0.819***	−0.67***
样本数量	7788	7788	7788	7788	7788	7788	7788
常量	−0.141	−0.492***	−0.498*	−0.085	−0.112	0.406***	1.442***
R^2	0.003	0.009	0.004	0.014	0.041	0.04	0.106

注:*为在10%水平显著,**为在5%水平显著,***为在1%水平显著。

5.3.3.2 距离相关变量与联合投资的关系

由表5.3可以看出距离的相关变量与联合投资的关系。

(1)Dist和Numb的相关系数为0.041,并在1%水平上显著相关,说明风险投资机构和被投企业之间的距离越远,联合投资的机构数量越多。

(2)MiniD和Numb的相关系数是−0.196,并在1%水平上显著相关,即距离被投企业最近的风险投资机构与被投企业之间的距离越小,联合投资的机构数量越多。

(3)Dist-MiniD和Numb的相关系数为0.413,并在1%水平上显著相关,即风险投资机构与被投企业之间的距离,减去距离被投企业最近的风险投资机构与被投企业之间的距离,二者的差值越大,联合投资中涉及的投资机构数量越多。因此,由当地风险投资机构或距离被投企业较近的风险投资机构参与的投资,联合投资的可能性更大。

(4)MiniD和Dist-MiniD的相关系数是−0.158,并在1%水平上显著相关,说明距离被投企业较近的风险投资机构与被投企业之间的距离越近,越容易有较远的风险投资机构参与投资。说明距离被投企业近的风险投资机构或当地风险投资机构在联合投资中发挥着重要的作用。

表 5.3　风险投资机构和被投企业之间距离的各变量之间的相关系数

相关分析	Numb	Fore	Local	Seed	Matu	If(A)	Inv-sum	Asse	Dist	MiniD
Numb	1									
Fore	0.121**	1								
Local	−0.075**	−0.329**	1							
Seed	−0.168**	0.146**	−0.027*	1						
Matu	0.063**	−0.136**	−0.031**	−0.336**	1					
If(A)	−0.214**	−0.145**	0.112**	0.201**	−0.221**					
Inv-sum	0.004	0.212**	−0.167**	−0.191**	0.261**	−0.168**	1			
Asse	0.016	0.404**	−0.087**	0.011	−0.032**	−0.033**	0.281**	1		
Dist	0.041**	0.037**	−0.158**	−0.102**	0.12**	−0.04**	0.157**	0.088**	1	
MiniD	−0.196**	−0.006	−0.111**	−0.06**	0.103**	0.019	0.152**	0.072**	0.789**	1
Dist-MiniD	0.413**	0.022	−0.054**	−0.101**	0.066**	−0.118**	0.014	−0.018	0.381**	−0.158**

注：** 为在 1%水平上显著相关，* 为在 5%水平上显著相关。

此外，由表5.3还可以看出其他因素与联合投资的关系。其中，Fore和Numb的相关系数是0.12，并在1%水平上显著相关，说明外资风险投资机构参与的投资，其联合投资的机构数量多，即外资风险投资机构更加倾向于联合投资。Loca和Numb的相关系数是−0.075，并在1%水平上显著相关，说明地方政府所属的风险投资机构参与的投资，联合投资机构数量少。Seed和Numb的相关系数是−0.168，并在1%水平上显著相关，说明对初创期被投企业的投资，其联合投资的机构数量少。Matu和Numb的相关系数是0.063，并在1%水平上显著相关，说明对成熟阶段被投企业的投资，其联合投资机构数量多。

5.3.3.3 联合投资和单独投资的对比

为了能够对联合投资有更深刻的认识，本章将联合投资和单独投资的样本进行了对比，重点分析其中与距离相关的几个变量(表5.4)。

表5.4 联合投资和单独投资样本的对比

	样本类型	均值	标准差	样本数量
MiniD	联合投资	5.23	1.43	4379
	单独投资	5.72	1.47	3409
Dist	联合投资	5.86	1.47	4379
	单独投资	5.72	1.47	3409
Asse	联合投资	8.43	1.92	4379
	单独投资	8.45	1.84	3409
Inv-sum	联合投资	3.41	1.27	4379
	单独投资	3.47	1.42	3409

从表5.4可以看出，联合投资Dist的均值是5.86，单独投资Dist的均值是5.72，说明联合投资事件中风险投资机构和被投企业之间的距离略大于单独投资事件中风险投资机构和被投企业之间的距离，也就是说，风险投资机构和被投企业相距较远的投资事件中，联合投资的可能性更大。

此外，联合投资MiniD的均值是5.23，单独投资MiniD的均值是5.72，说明联合投资事件中，风险投资机构和被投企业之间的最小距离的均值小于单独投资事件中风险投资机构和被投企业之间的最小距离的均值。由此可以看出，联合投资中距离被投企业最近的风险投资机构与被投企业之间距离更小，而单独投资中风险投资机构距离被投企业相对稍远。这也可以说明，距离被投企业较远的风险投资机构倾向于和目标企业较近的风险投资机构联合投资。

表5.5中的模型8和模型9验证了风险投资机构和被投企业之间的距离和最小距离对联合投资可能性的影响。其中，模型8中，Dist和Synd之间的相关系数为正，且在10%水平上显著，说明风险投资机构和被投企业之间的距离越远，联合投资的可能性越

大。模型 9 中，MiniD 和 Synd 之间的相关系数为负，且在 1%水平上显著，说明风险投资机构和被投企业之间的最小距离越大，联合投资的可能性越小。此外，模型 8 中 Dist 和 Synd 之间的相关系数为 0.044，且在 10%水平上显著，模型 9 中 MiniD 和 Synd 之间的相关系数为−0.244，且在 1%水平上显著，说明与风险投资机构和被投企业之间的距离相比，风险投资机构和被投企业之间的最小距离对联合投资的影响更为显著。

表 5.5　距离相关变量与联合投资的可能性

Logistic 回归		模型 8	模型 9
因变量	Synd		
	Inv-sum	−0.191***	−0.159***
	Asse	−0.03	−0.016
	Fore	0.457***	0.41***
	Loca	−0.294***	−0.446***
自变量	Seed	−0.85***	−0.906***
	Matu	0.214***	0.283***
	If(A)	−0.669***	−0.641***
	Dist	0.044*	
	MiniD		−0.244***
	样本数量	7788	7788
	常量	1.305***	2.674***
	R^2	0.102	0.138

注：*为在 10%水平显著，***为在 1%水平显著。

距离相关变量与联合投资的关系在表 5.6 中得到了进一步的证实。表 5.6 显示了距离相关变量与联合投资涉及的机构数量之间的关系。模型 10、模型 11 和模型 12 分别验证了风险投资机构和被投企业之间的距离、最小距离以及二者之间的差值对联合投资中涉及的机构数量的影响。模型 10 中，Dist 和 Numb 之间的相关系数为正，且在 5%水平上显著，说明风险投资机构和被投企业之间的距离越远，联合投资中涉及的机构数量越多，但是其显著性比模型 11 和模型 12 中 MinD 和 Dist-MinD 显著性低。模型 11 中，MinD 和 Numb 之间的相关系数为负，且在 1%水平上显著，说明风险投资机构和被投企业之间的最小距离越小，联合投资中涉及的机构数量越多，也就是说风险投资机构倾向于和距离被投企业近的风险投资机构联合。模型 12 中，Dist-MinD 和 Numb 之间的相关系数为正，且在 1%水平上显著，说明风险投资机构与被投企业之间的距离，减去联合投资中距离被投企业最近的风险投资机构与被投企业之间的距离，二者的差值越大，联合投资中涉及的机构数量越多，也就是说距离被投企业较远的风险投资机构倾向于与距离被投企业近的风险投资机构联合投资。

表 5.6　距离相关变量与联合投资中的机构数量

线性回归		模型 10	模型 11	模型 12
因变量	Numb			
	Inv-sum	−0.104***	−0.073***	−0.088***
	Asse	−0.024**	−0.012	−0.014
	Fore	0.469***	0.417***	0.431***
	Loca	−0.114**	−0.227***	−0.059
自变量	Seed	−0.662***	−0.682***	−0.541***
	Matu	0.025	0.075*	0.004
	If(A)	−0.541***	−0.501***	−0.428***
	Dist	0.025**		
	MiniD		−0.203***	
	Dist-MiniD			0.237***
	样本数量	7788	7788	7788
	常量	2.909***	3.949***	2.554***
	R^2	0.083	0.121	0.224

注：*为在10%水平显著，**为在5%水平显著，***为在1%水平显著。

5.4　结果分析

(1)中国风险投资机构的联合投资受多种因素的影响。联合投资的过程受到风险投资机构和被投企业之间空间距离、交易规模、管理资本量、机构所有制属性、被投企业的发展阶段、投资轮次等多方面因素的影响。

首先，随着风险投资机构和被投企业之间距离的增加，联合投资的可能性增大。这主要是由于远距离带来风险投资机构和被投企业之间的信息不对称，联合投资有利于风险投资机构掌握企业信息，分散投资风险，降低管理成本。

其次，交易规模和联合投资可能性呈倒"U"形相关，当交易规模小的时候，联合投资的可能性小，随着交易规模的增大，联合投资的可能性随之增大，但是随着交易规模达到一定程度，联合投资的可能性又降低。

再次，管理资本和联合投资的可能性呈"U"形调节作用。随着风险投资机构管理资本量的增大，风险投资联合投资的可能性降低。但是当风险投资机构的管理量达到一定程度后，联合投资的可能性开始增强。这主要是因为较大规模风险投资机构远距离投资项目较多，联合投资可以实现风险投资机构间的共赢，降低投资风险，确保投资收益。

第四，从风险投资机构的所有制属性来看，外资风险投资机构参与联合投资的可能性比本土风险投资机构更大。这主要是由于外资风险投资机构往往不是非常熟悉中国市场，联合投资能够降低投资风险。早期进入中国市场的外资风险投资机构都是采取与政府联合的模式才逐渐在中国市场站稳脚跟，如美国的 IDG、新加坡的祥峰国际等国际知名风险投资机构都是如此。而地方政府所属的风险投资机构联合投资的可能性低，这主要是与地方政府所属的风险投资机构保护和发展地方经济的需求有关。

第五，从被投企业所处的发展阶段来看，处于初创阶段的被投企业，其联合投资的可能性小。这主要是因为初创期的企业往往对资金的需求较少，单个风险投资机构即可以满足其资金和管理需求。而成熟阶段的被投企业拥有完善的管理运行体制，对风险投资的需求往往是用于扩大企业规模，资金需求加大，往往需要联合投资才能满足其资金需求。同时，对于成熟阶段的被投企业来讲，更多的风险投资机构进入企业，能够分散股权，避免企业股权过于集中。多个风险投资机构的介入使企业拥有多样化的资源，投资主体的多元化有利于企业资源多元化。

(2)与当地风险投资的联合投资可以解决距离带来的障碍。从距离相关变量的相关性分析、联合投资和单独投资相关指标的对比、距离相关变量和联合投资可能性以及联合投资中机构数量的回归分析来看，在联合投资中，距离被投企业最近的风险投资机构与被投企业之间的距离是影响联合投资能否达成的重要因素。风险投资机构更加倾向于与距离被投企业较近的风险投资机构联合投资。这主要是因为距离被投企业最近的风险投资机构比远距离的风险投资机构拥有更多本地资源，熟知被投企业信息，便于了解被投企业的信息。此外，距离相近便于投资后的监管和服务，降低远距离风险投资机构的管理成本。

5.5　小　结

联合投资是风险投资的重要形式，也是风险投资研究的重要对象。距离与联合投资的关系是空间视角下风险投资研究需要解决的问题。中国风险投资发展制度环境和社会环境与西方国家存在较大差异，对联合投资和空间距离的研究有助于进一步了解中国风险投资的空间投资规律。本章用计量的方法研究了风险投资机构和被投企业之间空间距离对联合投资的影响，得出结论如下。

首先，风险投资的联合投资受多种因素影响，具体包括风险投资机构和被投企业之间空间距离、投资事件的交易规模、风险投资机构的管理资本量和所有制属性、被投企业的发展阶段和投资轮次等。其中，随着风险投资机构和被投企业之间空间距离的增加，联合投资的可能性增大。

其次，在联合投资中，距离被投企业最近的风险投资机构发挥着重要的作用。与距离被投企业较近的当地风险投资机构的联合投资可以解决距离带来的障碍。因为距离被投企业最近的风险投资机构比远距离的风险投资机构拥有更多本地资源，熟知被投企业信息，距离相近便于投资后的监管和服务。因此，风险投资机构更加倾向于与距离被投企业较近的风险投资机构联合投资。

对比中国与发达国家联合投资的研究结果可以看出，中国风险投资和被投企业之间的空间距离与联合投资的关系与发达国家相似。Florida 等（1988a）对美国风险投资的研究指出，联合投资可以克服风险投资的不均衡分布。Fritsch 等（2008，2012）对德国风险投资的研究发现，风险投资与被投企业之间由于距离远而产生的问题，可以通过与距离投资企业较近的风险投资进行联合投资来解决。此外，Tykvová 等（2014）通过对世界范围内风险投资事件的分析指出，和本地风险投资的联合可以减少由于距离远、制度差异大、缺乏当地经验而造成的负面影响。中国的外资风险投资机构也表现出了相似的特征。

然而，由于中国风险投资发展的制度环境和社会环境与西方国家存在较大差异，因此，在中国风险投资的联合投资中，当地风险投资机构可能扮演者更重要的作用。因为社会网络关系在中国风险投资行业发展中具有非常重要作用（Kambil et al.，2006；Pukthuanthong et al.，2007）。信息不对称和远距离对信息流通带来的障碍更需要有本地风险投资机构参与，从而保证投资的顺利进行和投资后的妥善管理。此外，政府所属的风险投资机构在风险投资行业发展中发挥了重要作用，例如，地方政府所属的风险投资机构主要用于支持地方经济，因其资金来源于地方政府，投资实力雄厚而不倾向于联合投资。相比之下，由于外资风险投资机构不熟悉中国市场，在中国的投资更倾向于选择联合投资，如早期进入中国的知名风险投资机构 IDG 和祥峰国际等都采取了与政府联合投资的形式。

从风险投资的长期发展来看，广泛的联合投资必然在风险投资机构之间、地区之间形成复杂的网络联系。因此，对联合投资网络的特征和形成机制的研究有待进一步深入。

第6章　中国风险投资的联合投资网络

6.1 引　言

网络是金融市场的重要特征(Hochberg et al.,2007)。金融市场拥有完善和健全的金融机构体系,各类金融机构之间的紧密联系是金融市场有序运行的重要保障。金融市场中,各类金融机构之间和同类金融机构之间都存在密切联系。有研究表明,银行在发放贷款的过程中,更加倾向于与有长期合作关系的银行联合(Ljungqvist et al.,2009)。

风险投资作为金融市场的重要组成部分,密切的网络联系也是其重要特征(Hochberg et al.,2007)。在投资过程中,风险投资与各类金融机构之间建立了密切联系,包括上市企业、投资银行、会计事务所等。此外,有研究表明,风险投资机构在投资过程中更加倾向于联合投资,而不是单独投资(Lerner,1994)。风险投资机构在联合投资过程中形成了以信任和互利为主要特征的联合投资网络(Sorenson et al.,2001,2008;Hochberg et al.,2007;刘志阳等,2009,2010)。

目前,国外针对联合投资网络的研究多数以发达国家为研究对象。Sorenson等(2001,2008)对美国风险投资的研究表明,空间是促成风险投资网络形成的重要因素,潜在投资机会的信息通常都是在一定的地理范围内、一定的产业范围内传播,与这些范围相关信息的流动导致了风险投资定位于一定地理范围内、产业范围内。Sorenson等(2008)通过实证说明风险投资机构之间构成的联合投资网络使信息可以跨界流动,从而扩大了交换的半径,风险投资家在空间上的移动和时间上的变动,也使得本地的风险投资网络得以扩张和变化。有学者对发达国家跨境风险投资网络的研究指出,外资风险投资机构和本土风险投资机构的联合投资可以克服距离和制度差异对投资造成的障碍(Meuleman et al.,2011;Tykvová et al.,2011,2014)。Hochberg等(2007)的研究表明,网络结构好的风险投资机构在投资过程中表现好。风险投资联合投资网络形成的原因也是多方面的,包括实现投资多元化、分散风险(Kaplan et al.,2003)、降低管理成本(Sorenson et al.,2008)、分享风险投资机构的经验、专业知识和信息等。还有研究表明,由于风险投资基金的母公司之间固有的联系,促进了其子公司之间联合投资的行动,从而促使了创业投资网络的形成(Hochberg et al.,2007)。

联合投资网络也广泛存在于中国风险投资行业中。根据对清科数据库的统计,截至

2013年底共有17869起投资事件，除去324起数据不详的投资事件，8940起投资事件都属于联合投资，约占投资事件总数的50%。广泛存在的联合投资在风险投资机构之间形成了复杂的网络联系。然而，中国风险投资的发展与发达国家还存在较大的差异(Kambil et al.，2006；Pukthuanthong et al.，2007)。首先，中国风险投资行业的制度环境不同于发达国家。政府在风险投资行业的发展中发挥了重要的作用(Pukthuanthong et al.，2007)。成熟外资、大型国资以及民营资本共同构成了中国风险投资的阶层网络(周伶 等，2014)。其次，中国风险投资发展的社会文化环境与西方国家存在较大差异。社会网络，也就是"关系"在信息传递中不可或缺，是影响风险投资信息传递和投资决策的重要因素(Kambil et al.，2006)。此外，中国区域经济发展不均衡，以长三角、珠三角和环渤海地区的经济发展最为突出，龙头城市北京、上海以及深圳依靠各自优势发展风险投资行业，势必影响中国风险投资联合投资网络的空间特征。

目前，国内对联合投资网络的研究较多地集中在联合投资网络对投资绩效的影响。有研究表明，风险投资机构在网络的位置与风险投资绩效密切相关，网络中更具影响力的风险投资机构往往表现得较好(刘志阳 等，2010)，只有处于网络中心的位置，风险投资企业投资绩效才会提升(周伶 等，2014)。中心性高的风险投资机构具有较强的投资机会发现能力，这些机构更容易带来网络内其他成员的行动协同以及在网络外部的声誉效应，因此，这些机构可以更好地发现与培育被投企业，并由此获得高收益(徐梦周 等，2011)。然而，总体来讲，这些研究侧重于分析风险投资网络与投资绩效的关系，缺乏对风险投资联合投资网络空间特征的描述和分析。

风险投资机构之间的联合投资不仅在城市之间形成了联合投资的城市网络，也在风险投资机构之间形成了复杂的联合投资网络。本章首先介绍数据来源和研究方法，其中重点介绍社会网络分析方法，解释程度中心性的含义。其次是对中国风险投资联合投资的城市网络特征的研究，分析联合投资城市网络的总体特征，并将分区域的联合投资城市网络空间特征进行对比分析。再次是联合投资的机构网络特征，识别中国联合投资网络中的核心机构及其联系，并对不同所有制属性风险投资机构的联合投资进行阐述。最后是研究结论。

6.2 数据和方法

6.2.1 数据

本章研究采用的数据来源于清科数据库。截至2013年12月31日，从清科数据库获取风险投资机构共8591家，获取风险投资事件共20983起。其中，明确投资机构所在城市和被投企业所在城市的投资事件为源于 2460 家投资机构的 17521 起投资事件，具体信息包括风险投资机构的名称、成立时间、管理资本总额、机构总部，以及被投企业的企业名称、所在地、所属行业、投资时间及额度等。由于一些数据信息不完善，本章对数据进行了处理和完善。一些投资事件中机构所在地和被投企业所在地无法获取，删除了这些无效信息，从投资事件中筛选整理出 7637 起联合投资事件，包括投资机构名称、被投企业的名称、投资时间、投资机构属性和被投企业的行业属性。

本章将投资机构在同一时间共同参与的一次投资事件视为发生一次联合投资关系。本研究分析的地域范围主要集中在中国大陆，不包括港、澳、台。对联合投资次数的计算如图 6.1 所示，投资机构 A、B、C 于同一时间投资同一企业 x 时，视为 A、B、C 三个机构之间分别联合投资一次（此处不考虑机构自身的联合），借助编程统计出联合投资关系，得到一个赋权的二维矩阵。

被投企业	投资时间	投资机构	所有制属性	所在城市
x	2000/1/1	A	A’	a
x	2000/1/1	B	B’	b
x	2000/1/1	C	C’	c

	A	B	C
A	0	1	1
B	1	0	1
C	1	1	0

机构之间的联合次数统计

	A’	B’	C’
A’	0	1	1
B’	1	0	1
C’	1	1	0

所有制之间的联合次数统计

	a	b	c
a	0	1	1
b	1	0	1
c	1	1	0

城市之间的联合次数统计

图 6.1　联合投资次数统计示意

得出的二维矩阵中，不同所有制类型的风险投资机构之间的联合次数、不同城市之间的联合投资的次数都比较方便统计。但是由于风险投资机构的数量较多，且许多风险投资机构两者之间联合投资的次数为 0，或者为 1，这些样本不能够反映网络中的主要联系，样本冗余，最终筛选联合投资次数≥5 的样本进行分析。

6.2.2　方法

本章研究主要采用社会网络分析方法，结合 ArcGIS 中的“XY to line”工具，将得出的二维矩阵导入社会网络分析软件 Ucinet 或 ArcGIS，得出网络结构图。

其中，社会网络分析方法通过对于网络中关系的分析探讨网络的结构及属性特征，旨在通过关注存在于行动者集合中的社会关系来描述网络结构，进而分析网络位置变化及其经济效应（刘志阳 等，2010；罗家德，2010）。社会网络分析方法中有一系列的指标用于刻画网络特征，借此描绘出联合投资网络图，并通过多种网络指标分析网络结构及其变化。本章主要采用了 Ucinet 中的程度中心性分析。

程度中心性既可分析网络中某一节点的中心性，也可分析网络整体中心性。某节点的程度中心性是指与该节点相连的其他节点的数量，相连节点越多，程度中心性越大，具有的社会资本越大，从其他节点获取信息和资源的能力越强（潘峰华 等，2015）。衡量程度中心性的公式如下：公式 1 为绝对数值，是把某机构的关系数加总；公式 2 为标准化数值，是将其除以该网络最多关系数，做不同网络间的比较。

公式 1：
$$C_D(n_i)=\mathrm{d}(n_i)=\sum\nolimits_j X_{ij}=\sum\nolimits_i X_{ji}$$

公式 2：
$$C'_D(n_i)=\frac{\mathrm{d}(n_i)}{g-1}$$

式中：X_{ij} 是 0 或 1 的数值，代表节点 j 是否与节点 i 存在关系；g 代表此网络节点数量。在社会网络分析中，程度中心性就是一个机构的关系数量的总和，大的社会网络其机构数量也多，所以标准化过程要除以某一节点在网络中的最大可能关系数，即 g-1 条关系。群体中心性的公式是公式 3：

公式 3：
$$C_D=\frac{\sum\nolimits_{i=1}^{g}[C_D(n^*)-C_D(n_i)]}{\max\sum\nolimits_{i=1}^{g}[C_D(n^*)-C_D(n_i)]}$$

$C_D(n^*)$ 是 $C(n)$ 中最大的程度中心性，它与其他 $C_D(n_i)$ 相减所得差额的相加总和，即为群体中心性。这是一个网络的整体结构指标。程度中心性最高的那个机构与其他机构的程度中心性的差距越大，则群体程度中心性的数值也越高，表示此网络过分集中，有一个机构特别重要。

6.3 联合投资的城市网络

在全球化背景下，世界经济都处于一个复杂的网络中（Coe et al.，2010）。地方企业不仅需要根植于当地的供应网络，也需要与外部市场相联系（Malecki，2002）。各种经济要素在城市间相互流动，加强了城市间的经济联系，促进了城市的共同发展，并在空间上形成了复杂的城市网络。城市竞争力不仅受到城市基础设施水平、经济实力、产业结构等硬环境的影响，也与其在城市网络中的位置以及与其他城市之间的联系密切相关（汪明峰 等，2014）。与企业间网络相比，城市间的网络更稳定且具有等级性（Liu et al.，2014）。风险投资的空间格局在区域之间呈现显著的连通性（徐宜青 等，2016）。

随着风险投资的全球化（Schertler et al.，2011），风险投资的跨区域流动非常普遍（Schertler et al.，2012）。来自不同城市的风险投资机构共同投资一个企业构成了联合投资的城市网络。风险投资的资金在城市间流动并在特定的地区汇集，共同促进了城市和区域经济的发展，也重塑了城市在经济活动中的体系和空间格局。联合投资的城市网络形态是中国城市网络形态的一个缩影。

6.3.1 总体网络特征

本章研究建立了行和列均为城市名称的二维矩阵，数值是两个城市间联合投资的投资事件数。将二维矩阵导入 ArcGIS 软件中，通过 XY to line 工具，生成联合投资的城市网络图(图 6.2，见文后彩插)。两个城市之间的线条表示两个城市之间联合投资次数的多少，线条越粗，代表两个城市之间的风险投资机构合作次数越多。与节点联系的线条越多，说明与该城市联合投资的城市数量越多。

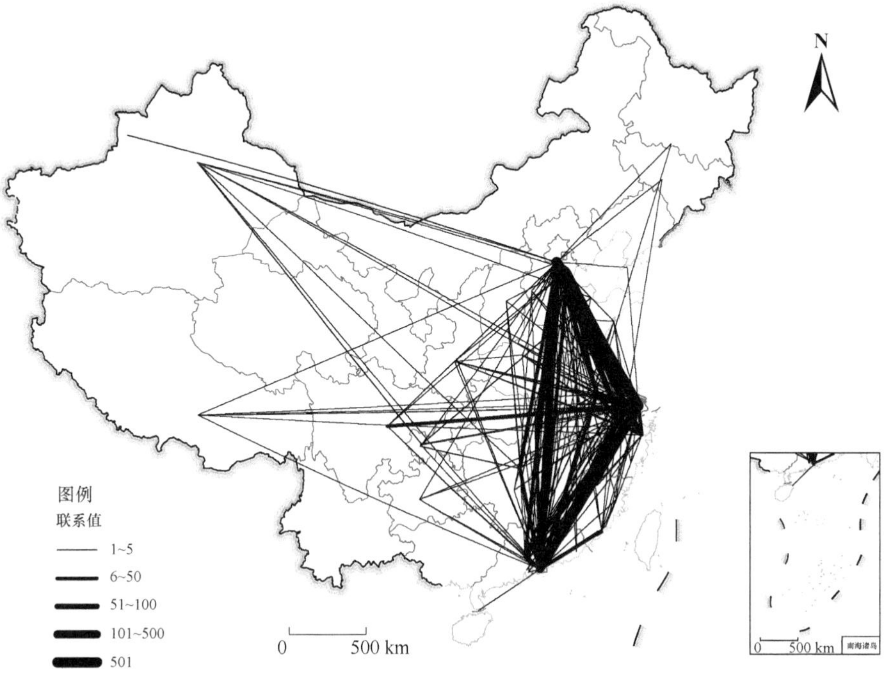

图 6.2 中国联合投资的城市网络

由图 6.2 可以看出，中国联合投资的城市网络具有如下特征。

(1)整体来看，联合投资的城市网络呈不规则的“五角星”分布形态。东部沿海城市之间的联合投资网络的密集程度远远大于其他地区。其中，以北京、上海和深圳组成的“三角形”覆盖的区域最为密集，重庆、北京和广州组成的“三角形”覆盖的区域网络密集程度次之。

(2)特大城市之间的联合投资现象突出。这主要是因为中国风险投资机构和投资事件主要集中在沿海发达地区的三大城市群，从而在这些地区之间形成了高强度的联合关系，如北京和上海之间的联合投资次数是所有城市之间联合投资次数最高的。内陆地区则以重庆、武汉、长沙等省会中心城市为联合投资的网络节点。由此，东部沿海发达城市和内陆的区域性中心城市一起构架出了一个完整的风险投资联合投资的城市网络体系的基本轮廓。

(3)发达地区和欠发达地区之间的联合投资现象极为微弱。如东北的长春、西部的乌鲁木齐和拉萨虽然也与东部城市之间存在联合投资现象，但数量非常有限。这主要是因为欠发达地区风险投资行业发展较为落后，风险投资机构数量少，在这些地区达成的投资事件数量有限。但是，发达地区和欠发达地区之间的联合投资现象较少，也从侧面说明了许多内陆城市在中国整个城市网络体系中的边缘化位置。从整体上来讲，被边缘化的内陆城市发展欠缺，不利于中国经济的区域协调发展。加强发达地区与欠发地区的联合，有利于发挥发达地区的优势，带动欠发达地区的发展。

6.3.2 城市在网络中的程度中心性分析

表 6.1 显示了联合投资城市网络中各个城市的程度中心性。从网络的绝对中心性、相对中心性和比例来看，可以把联合投资城市网络中的城市归为以下几个类别。

首先，北京、上海和深圳都是联合投资城市网络中位于第一层次的核心城市。这主要是因为这三个城市是中国风险投资机构最为集聚的中心，许多知名的风险投资机构都位于这里。这些机构是中国风险投资市场的核心机构，市场影响力大，影响着中国风险投资市场的空间格局。三个城市在网络中的核心位置也说明了它们作为中国经济最为发达的城市，与全国其他区域之间存在较强的经济联系，是中国经济发展的龙头。

其次，杭州、苏州、南京、天津、广州可以被列为联合投资城市网络中的第二层次城市。它们之所以能够成为联合投资城市网络中的重要城市，一方面是因为这些城市或是经济发达的省会城市，或是区域经济发展的中心；另一方面是因为这几个城市都是邻近风险投资集聚中心(北京、上海、深圳)的城市，能够接收到中心城市的辐射和带动。

再次，宁波、长沙、武汉、常州、西安、成都、厦门、绍兴、郑州、青岛等城市可以被列为联合投资城市网络的第三层次城市。成都、郑州、武汉、长沙、西安等都是内陆省会城市。它们作为中国内陆地区的经济中心，风险投资机构在这些城市的分布相对集中，这些城市与外部的经济联系相对较强。而宁波、厦门、青岛、绍兴等都位于沿海经济区，风险投资的发展相对发达，与外部城市之间存在较多联系。

相比之下，济南、太原、南昌、长春等省会城市和一些地级市参与联合投资的程度较弱。一方面说明这些城市在联合投资网络体系中的地位较低，另一方面也说明这些城市在风险投资市场中仍然具有发展潜力。

通过对这些城市在联合投资网络中的程度中心性的分析可以看出，城市的发展不仅与其在传统城市等级体系中的位置相关，是各自经济实力的体现，同时，城市在网络体系中的地位也决定了城市的等级体系。网络节点越多，该城市在网络中的通达性和影响力越大，正如经济发展水平高的城市往往都是网络中的核心节点，而欠发达城市的网络连接性和影响力较小。因此欠发达城市面临的一个关键问题就是如何将自己纳入区域城市网络体系中(武前波 等,2012),提升自身在城市网络体系中的重要性。

表 6.1　联合投资城市网络中各个城市的程度中心性

城市名称	Degree(绝对中心度)	NrmDegree(标准中心度)	Share(占比)
北京	2554	2.544	0.328
上海	2417	2.408	0.307
深圳	1109	1.105	0.141
杭州	329	0.328	0.042
苏州	233	0.232	0.03
南京	223	0.222	0.028
天津	148	0.147	0.019
广州	105	0.105	0.013
宁波	94	0.094	0.012
长沙	82	0.082	0.01
武汉	78	0.078	0.01
常州	66	0.066	0.008
西安	41	0.041	0.005
成都	41	0.041	0.005
厦门	35	0.035	0.004
绍兴	34	0.034	0.004
郑州	24	0.024	0.003
青岛	24	0.024	0.003
重庆	20	0.02	0.003
鹰潭	20	0.02	0.003
东莞	17	0.017	0.002
无锡	15	0.015	0.002
合肥	15	0.015	0.002
石家庄	15	0.015	0.002
乌鲁木齐	14	0.014	0.002
佛山	14	0.014	0.002
福州	12	0.012	0.002
拉萨	12	0.012	0.002
济南	8	0.008	0.001
太原	6	0.006	0.001
珠海	5	0.005	0.001
南通	5	0.005	0.001
贵阳	5	0.005	0.001
衡阳	4	0.004	0.001

续表

城市名称	Degree(绝对中心度)	NrmDegree(标准中心度)	Share(占比)
廊坊	4	0.004	0.001
大连	4	0.004	0.001
淄博	4	0.004	0.001
南昌	4	0.004	0.001
温州	3	0.003	0
湖州	3	0.003	0
长春	3	0.003	0
滁州	3	0.003	0
泉州	3	0.003	0
哈尔滨	3	0.003	0
株洲	3	0.003	0
东营	3	0.003	0
蚌埠	2	0.002	0
咸阳	2	0.002	0
焦作	2	0.002	0
汕头	2	0.002	0
海口	1	0.001	0
芜湖	1	0.001	0
金华	1	0.001	0
中山	1	0.001	0
淮南	1	0.001	0
萍乡	1	0.001	0
扬州	1	0.001	0

为了能够看出主要城市之间的网络联系，本章选取绝对程度中心性大于 105 的北京、上海、深圳、杭州、苏州、南京、天津、广州 8 个城市，绘制了 8 个城市之间的联合投资城市网络图(图 6.3)。

北京、上海和深圳三个城市之间的联合投资网络呈“三角形”。其中，北京和上海之间的线条最粗，说明北京和上海之间联合投资的强度最大。深圳与北京之间的联系比深圳与上海之间的联系略粗，说明深圳与北京之间的联合投资略多于深圳与上海之间的联合投资。北京作为中国的政治中心，在金融市场的信息、人才、政策、知识、技术等各方面都具有其他城市不具备的优势，北京也因此成为中国风险投资最大的集聚中心，与外部的城市之间的联系，尤其是与经济发达城市之间存在极强的经济交流。其他城市为了能够利用北京的优势和资源，也更加倾向于与北京加强经济联系。广州、天津、南京、苏州、杭州之间存在联合投资现象，但是相比北京、上海和深圳之间的联系显得微弱。

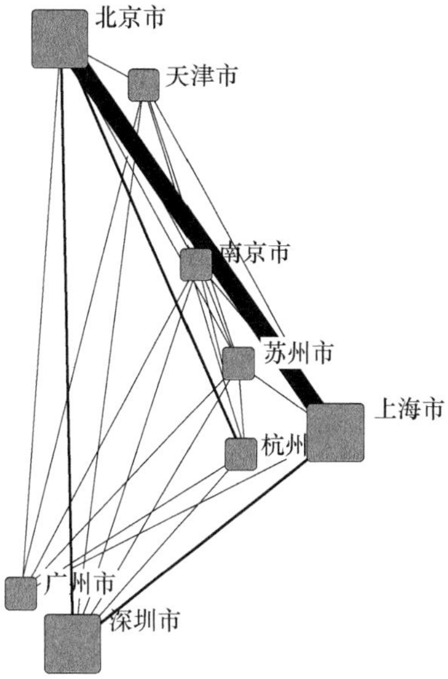

图 6.3　中国主要城市之间的联合投资网络

主要城市之间的网络结构再次说明，北京、上海和深圳作为中国风险投资集聚中心的重要性。三个城市在整个联合投资的城市网络中占有绝对主导地位。由此可以看出，作为中国经济发展水平最高的地区，这三个城市之间的经济联系非常强。

6.3.3　分区域的联合投资城市网络

中国的长三角、珠三角和京津冀三大城市群聚集了最大数量的联合投资事件。为了能够将三个区域联合投资城市网络结构进行区分，分别将三个城市群包含的城市联合投资的数量筛选出来。其中，京津冀城市群包含北京市、天津市和河北省的石家庄、唐山、保定、秦皇岛、廊坊、沧州、承德、张家口 8 个地市。长三角城市群包含上海、南京、苏州、无锡、常州、镇江、扬州、泰州、南通、杭州、宁波、湖州、嘉兴、绍兴、舟山、台州。珠三角城市群以广州、深圳、香港为核心，包括珠海、惠州、东莞、肇庆、佛山、中山、江门、澳门（林先扬 等，2004）。分别将三个城市群的联合投资数值导入 Ucinet，形成了三个网络结构图（图 6.4～图 6.6）。其中，有些城市不存在与其他城市联合投资的现象，在绘制网络图时不显示。

由图 6.4 可以看出，在京津冀城市群联合投资的城市网络中，北京的联合投资现象最为突出，其中北京和天津之间存在最多的联合投资现象，表明两个城市之间存在极强的经济联系。此外，北京与石家庄之间有少量的联合投资现象。总体来看，京津冀城市群的联合投资的网络联系较弱。虽然北京拥有较大数量的联合投资次数，但是北京与周边城市的联系比较弱。从前面几个章节的分析也可以看出，北京的投资范围广泛，远距离投资多。但是,北京与京津冀城市群区域内部的城市之间的联系较弱。因此,北京应该通过更广泛的经济交流带动京津冀城市群的发展,从而促进区域经济的共同发展。

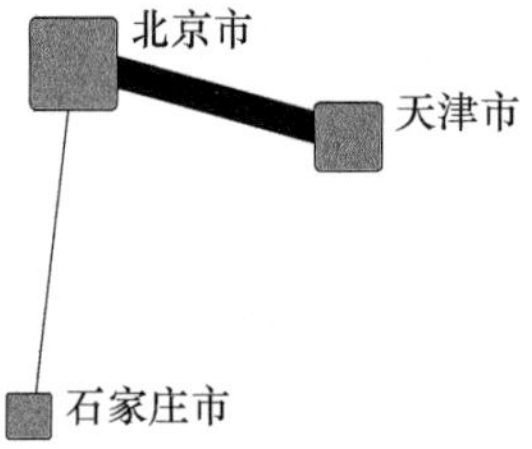

图 6.4 京津冀城市群联合投资城市网络

由图 6.5 可以看出,在长三角城市群联合投资的城市网络中,以上海为中心,上海与南京、上海与杭州、上海与苏州之间都有密切的联合投资现象。长三角城市群城市之间的联合投资现象也较为普遍,除了上海、南京、杭州、苏州之外,宁波、无锡、南通、扬州、绍兴等都与其他城市之间存在密切的联合投资现象。由长三角城市群联合投资的城市网络图可以看出,上海在长三角城市网络体系中的网络链接作用比较好,与周边城市之间存在较强的经济联系。作为长三角的龙头城市,上海在带动区域经济发展中发挥了重要作用。

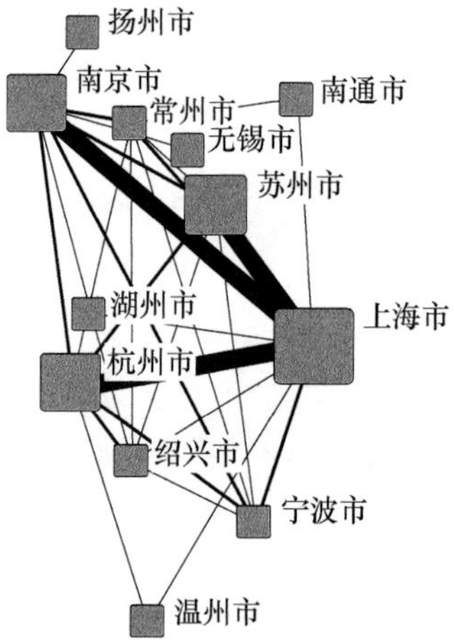

图 6.5 长三角城市群联合投资城市网络

由图 6.6 可以看出,在珠三角城市群联合投资的城市网络中,联合投资主要发生在广州、深圳、佛山、珠海和东莞几个城市之间,其中,深圳作为珠三角联合投资最重要的城市,与省会广州之间的联合投资现象最为突出。两个城市都与周边城市存在联合投资现象。由珠三角城市群联合投资的城市网络图可以看出,深圳和广州在珠三角城市群网络中具有核心地位,是区域经济中心,与周边城市之间存在经济联系。值得注意的是,本章研究没有体现珠三角的城市与香港和澳门之间的经济联系,地理邻近性和文化相似性使珠三角与香港、澳门之间有着紧密的经济联系,这是珠三角区域经济发展的独特优势。

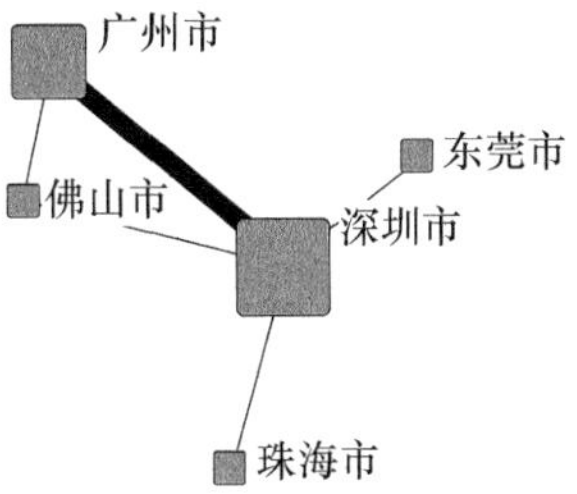

图 6.6　珠三角城市群联合投资城市网络

从三个城市群联合投资城市网络的对比可以看出，总体上，长三角城市群之间联合投资城市网络的联系强度和连通性优于京津冀城市群和珠三角城市群。从三个城市群联合投资的城市网络形态可以看出，就近合作也是中国联合投资城市网络的重要特征，即联合投资发生在城市内部或空间邻近的两个城市之间。深圳与广州之间、北京与天津之间、上海与杭州之间的都存在相对较多的联合投资次数，印证了风险投资就近联合的特征。

此外，城市内部联合投资的现象普遍存在（表 6.2）。其中，北京的风险投资机构联合北京本地风险投资机构的投资占北京城市间联合投资事件总数的 37%，仅次于北京与上海之间的联合投资次数。上海的联合投资事件中，也有 54%是与上海本地的风险投资机构联合投资。而深圳的联合投资事件中，有 29%是与深圳本地的风险投资机构联合。其他城市本地联合的程度略低，如杭州有 17%的投资是城市内部的联合，苏州城市内部联合的比例是 18%，南京、天津城市内部联合的比例都是 8%。

表 6.2　城市内部联合的比例

	城市内部联合投资的数量和比例	合计
北京	1520(37%)	4074(100%)
上海	1673(54%)	3075(100%)
深圳	426(29%)	1451(100%)
杭州	66(17%)	395(100%)
苏州	53(18%)	289(100%)
南京	19(8%)	242(100%)
天津	12(8%)	160(100%)
广州	17(14%)	122(100%)
宁波	4(4%)	98(100%)
长沙	31(27%)	113(100%)
武汉	11(12%)	89(100%)

本章研究与发达国家的研究存在一致性，空间距离的递减函数是适用于风险投资行业的，空间上的接近促进了风险投资网络的形成（Sorenson et al.，2001），相对于 128 公路，硅谷风险投资的本地化联系更为密集，地理空间上的接近使硅谷的风险投资机构之间

经常互动和分享投资信息，形成了硅谷的风险投资网络，并取得了巨大的收益（Saxenian，1991）。

6.4 联合投资的机构网络

风险投资机构本身就处于金融市场的大网络体系中，联合投资又使得这一个社会网络的规模和密度都不断扩大和加强。风险投资机构在共同的合作中形成了稳定的合作关系，因此不同机构之间多次的联合投资是非常普遍的现象。不同的风险投资机构共同投资一个企业被称为机构间的联合投资，众多的机构间联合投资从而形成联合投资的机构网络。

有研究表明，风险投资机构倾向于联合投资，而不是单独投资（Lerner，1994）。风险投资机构间的联合投资具有以下几个方面的优势。

首先，联合投资有利于分散风险（Kaplan et al.，2003）。风险投资市场的典型特征之一就是具有高风险性。为了能够分散风险，风险投资机构一方面通过对多个数量、多种类型企业的投资实现投资多元化（Cochrane，2005），另一方面选择与其他风险投资机构的联合投资，分担投资额，分散风险。

其次，联合投资可以实现机构之间的资源互补（王育晓，2013）。一般来讲，每家风险投资机构会有专注的投资领域，它们在这些领域拥有专业的知识和技能，而且不同的风险投资机构拥有的人力、财力、专业和管理能力等存在差异。风险投资机构之间的联合投资有利于机构之间取长补短，发挥各自优势，不仅可以通过联合投资弥补资本和人力不足，还可以通过联合投资借助其他风险投资机构的产业背景、投资经验、管理能力等（潘庆华 等，2006）。有研究表明，风险投资在联合投资过程中会充分利用各自的专业律师、投资专业人士，甚至猎头为被投企业提供增值服务，保证被投企业的顺利发展，从而最终实现风险投资机构的成功退出（Gorman et al.，1989）。

再次，联合投资有利于风险投资机构之间信息互补。虽然当今社会的信息技术已经非常发达，但是远距离产生的信息不对称依然严重影响经济活动的有效实施。在风险投资领域，面对面的交流、人与人之间的社会交往等对信息的获取和判断都至关重要。风险投资机构之间的联合投资有利于共享信息，降低信息不对称对投资决策的影响。

此外，风险投资机构之间的联合投资有利于风险投资机构与其他机构之间建立稳定的合作关系，从而在未来的合作中继续共同投资（Hochberg et al.，2007）。

6.4.1 联合投资的机构网络特征

本章建立了行和列均为机构名称的二维矩阵，数值是两个机构间联合投资的投资事件数。将二维矩阵导入 Ucinet 中，生成联合投资的机构网络图。其中，方块大小表示机构联合投资次数的多少，方块面积越大，表示该机构联合投资的次数越多。两个机构之间的线条表示两个机构之间联合投资次数的多少，线条越粗，代表两个机构间的风险投资机构合作次数越多。与方块联系的线条越多，说明与该机构联合投资的机构数量越多。图 6.7 显示了联合投资次数≥5 的风险投资机构。

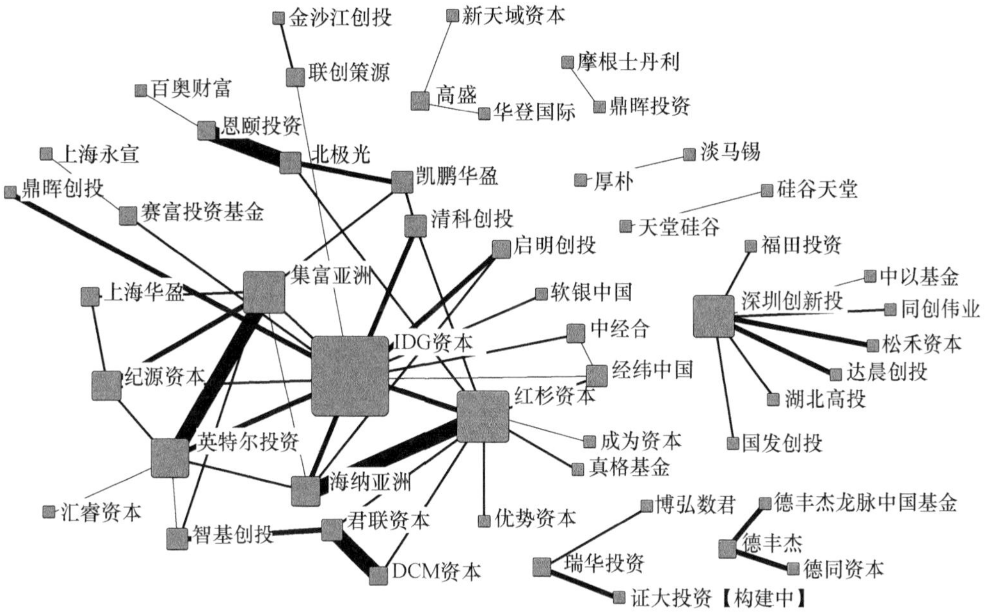

图 6.7　风险投资联合投资的机构网络

由图 6.7 中可以看出，中国风险投资联合投资的机构网络具有以下几个方面的特征。

首先，IDG 资本、红杉、集富亚洲、深圳创新投、英特尔投资、海纳亚洲等是中国风险投资联合投资网络中的核心机构。其中，IDG 资本、红杉、英特尔投资等都是知名的外资风险投资机构。它们在早期中国风险投资市场的发展中发挥了重要作用。这些风险投资机构因为自身管理规模较大，在风险投资网络中的影响力较大，投资能力较强，因此具有更多参与联合投资的机会，并且通过联合投资，实现了共享资源，分散了投资风险，获取投资收益。因此，风险投资机构的实力决定了该机构在联合投资中的位置和连接度。表 6.3 展示了联合投资机构网络中部分风险投资机构的程度中心性，包括绝对程度中心性、相对程度中心性和比例。可以看出，IDG 资本参与的联合投资次数最多，其次是红杉、集富亚洲和深圳创新投等机构。

表 6.3　风险投资机构的程度中心性

机构名称	Degree(绝对中心度)	NrmDegree(标准中心度)	Share(占比)
IDG 资本	117	11.143	0.118
红杉	83	7.905	0.084

续表

机构名称	Degree(绝对中心度)	NrmDegree(标准中心度)	Share(占比)
集富亚洲	62	5.905	0.063
深圳创新投	58	5.524	0.059
英特尔投资	54	5.143	0.055
海纳亚洲	51	4.857	0.052
纪源资本	33	3.143	0.033
君联资本	33	3.143	0.033
北极光	32	3.048	0.032
清科创投	26	2.476	0.026
凯鹏华盈	23	2.19	0.023
智基创投	23	2.19	0.023
DCM 资本	23	2.19	0.023
德丰杰	22	2.095	0.022
恩颐资本	22	2.095	0.022
……	……	……	……

其次，部分知名的风险投资机构之间的联合投资项目数量较多，相互之间的联系紧密。联合投资能够将不同的风险投资机构相互联系起来。这些机构在联合中逐渐建立起稳定和信任的合作关系，从而有利于共同参与更多的投资项目。例如，红杉资本同海纳亚洲之间，IDG 资本和红杉资本、集富亚洲、英特尔等机构之间，DCM 资本和君联资本之间，北极光和恩颐投资之间等都有大量的合作项目。由表 6.4 可以看出，红杉资本、IDG 资本、DCM 资本之间有过大量的联合投资项目。

表 6.4　主要联投机构和联合投资情况

合作机构 1	合作机构 2	联投次数	联合投资的项目
红杉	海纳亚洲	21	保利博纳、必康制药、蓝雪数码(绿豆蛙)、利农国际、悠视网、掌信彩通、众合、重庆小天鹅等
英特尔	集富亚洲	16	BCD 半导体、博动科技、蓝汛科技、上海新进等
英特尔	IDG 资本	11	邦永科技、迪岸传媒、连宇通信、搜狐、速达软件、芯原等
君联资本	DCM 资本	16	康龙化成、乐元互动(乐元素)、麦包包、人人公司(原千橡互动)、上海绿新、万学教育、文思信息技术
达晨	深圳创新投	11	百合媒介、晨光生物、键桥通讯等

6.4.2　不同所有制类型风险投资机构构成的联合投资网络

中国存在多种不同所有制形式的风险投资机构。本章将风险投资机构按照所有制属性划分为外资风险投资机构、民营风险投资机构、合资风险投资机构、中央政府所属的风险投资机构和地方政府所属的风险投资机构。表 6.5 显示了不同所有制的风险投资机构之间联合投资情况。

表 6.5　不同所有制的风险投资机构之间的联合投资情况

	地方政府 VC	合资 VC	民营 VC	外资 VC	中央政府 VC	合计
地方政府 VC	204(15%)	34(2%)	742(55%)	195(14%)	175(13%)	1350(100%)
合资 VC	34(10%)	3(1%)	87(26%)	188(55%)	27(8%)	339(100%)
民营 VC	742(24%)	87(3%)	1265(41%)	555(18%)	434(14%)	3083(100%)
外资 VC	195(5%)	188(5%)	555(15%)	2429(66%)	294(8%)	3661(100%)
中央政府 VC	175(17%)	27(3%)	434(43%)	294(29%)	79(8%)	1009(100%)

由表 6.5 可以看出，不同所有制形式风险投资机构的联合投资现象极为普遍。这也可以说明，在中国风险投资市场，各种所有制类型的风险投资机构之间存在密切的联系。

为了更清晰地掌握不同所有制类型的风险投资机构之间的联合投资情况，本章进一步建立了行和列均为所有制类型的二维矩阵，数值是两种类型之间联合投资的投资事件数。将二维矩阵导入 Ucinet 中，生成联合投资的所有制网络图（图 6.8）。其中，方块大小表示联合投资次数的多少，方块面积越大，表示联合投资的次数越多。两个方块之间的线条表示两个不同所有制类型的风险投资机构之间联合投资次数的多少，线条越粗，代表两种类型之间的风险投资机构合作次数越多。与方块联系的线条越多，说明与该类型的机构联合投资的机构数量越多。表 6.6 显示不同所有制类型风险投资机构的程度中心性情况。

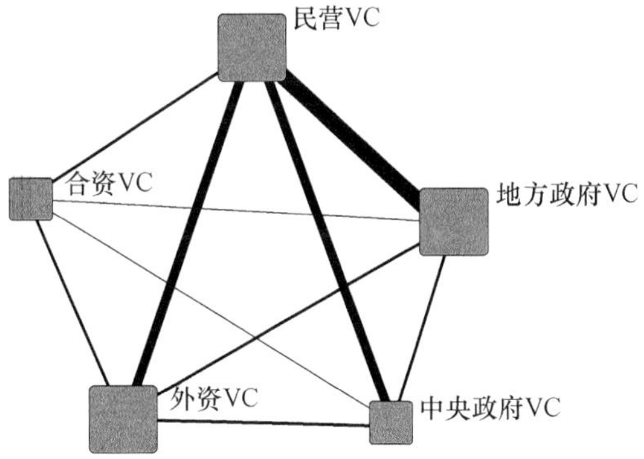

图 6.8　不同所有制类型风险投资机构联合投资网络

表 6.6　不同所有制类型风险投资机构的程度中心性

机构类型	Degree（绝对中心度）	NrmDegree（标准中心度）	Share（占比）
民营 VC	1818	61.253	0.333
外资 VC	1232	41.509	0.226
地方政府 VC	1146	38.612	0.21
中央政府 VC	930	31.334	0.17
合资 VC	336	11.321	0.062

从图 6.8 和表 6.6 可以得出以下结论。

首先，民营风险投资机构参与联合投资的次数最多。在中国，民营企业虽然经营方式比较灵活，但是在人力、资源、财力和专业技能等方面与国有企业、外资企业相比都处于劣势。民营风险投资机构为了能够充分利用其他类型风险投资机构的资源，更加倾向于联合投资。例如，地方政府所属的风险投资机构和民营风险投资机构的联合投资数量，占地方政府所属风险投资机构联合投资总数的 55%。这也从侧面反映了民营风险投资机构顽强的生命力和强大竞争力。

其次，外资风险投资机构参与联合投资的现象突出。中国的市场环境与西方存在较大差异。外资风险投资机构不熟悉中国的环境，很难对中国企业有全面的了解和掌握，更难以把握中国市场的运行规律。因此外资风险投资机构更加倾向于参与联合投资，与地方政府风险投资机构、中央政府风险投资机构和民营风险投资机构之间都建立了密切的联合投资网络。

第三，地方政府风险投资机构参与联合投资的次数较多。这主要缘于两方面的原因，一方面是由于其他类型的风险投资机构愿意主动寻求地方政府风险投资机构共同投资，从而可以方便地利用地方政府在当地的资源。另一方面地方政府对外来的投资机构有限制的权利，它们在有潜力的投资项目中会主动要求参与投资，待被投企业发展壮大，可以从中获取受益。图 6.9 显示了深圳创新投的联合投资网络图，可以看出该机构与当地的投资机构之间存在广泛的联合投资，包括达晨创投、福田投资、同创伟业等。

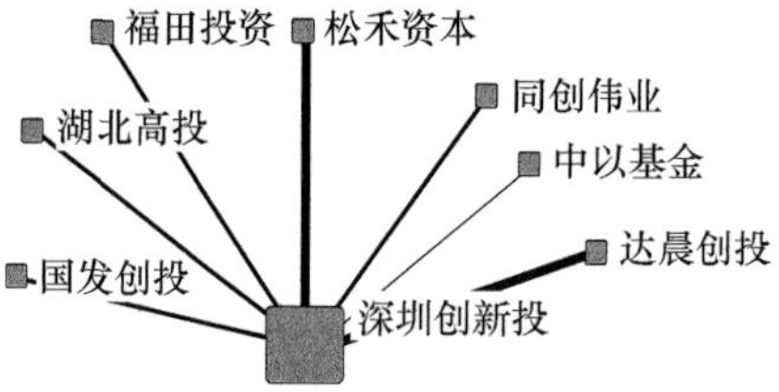

图 6.9　深圳创新投的联合投资网络

相比之下，中央政府的风险投资机构和合资风险投资机构联合投资的次数和强度都较弱。这主要是因为中央政府的风险投资机构在人力、财力、技术、资源等各方面都具有突出的优势，有能力独自承担投资风险，也有充足的资本完成独立投资。而合资风险投资机构的数量较少，参与投资的数量较少。

6.5　小　结

风险投资的联合投资网络研究，不仅能够得出城市之间的经济网络联系，而且还可以识别联合投资网络中的核心机构及其与其他机构之间的联系。本章从联合投资的网络视角，重点探讨了联合投资构成的城市网络的整体空间网络特征和分区域的空间网络特征，然后分析了风险投资机构网络，得出结论如下。

首先，联合投资的城市网络呈不规则的“五角星”分布形态。东部沿海城市之间联合投资网络的密集程度远远大于其他地区。其中，特大城市之间的联合投资现象突出，发达地区和欠发达地区之间的联合投资现象极为微弱。

从联合投资城市网络的程度中心性可以看出，北京、上海和深圳都是联合投资城市网络中的位于第一层次的核心城市。杭州、苏州、南京、天津、广州可以被列为联合投资城市网络中的第二层次城市。宁波、长沙、武汉、常州、西安、成都、厦门、绍兴、郑州、青岛等城市可以被列为联合投资城市网络的第三层次城市。相比之下，济南、太原、南昌、长春等省会城市和一些地级市参与联合投资的程度较弱。

从分区域的联合投资城市网络可以看出，京津冀城市群主要的联合投资网络发生在北京与天津之间，两个城市和区域内其他城市之间的联合投资现象极为稀少；长三角城市群联合投资城市网络中，各个城市之间都存在较好的网络链接，上海与周边多个城市之间均存在较强的网络联系；珠三角城市群联合投资的城市网络中，深圳与广州之间存在较强的联合投资联系，两个城市与周边城市之间存在较多联合投资现象。就近合作是中国联合投资城市网络的重要特征。

从联合投资的机构网络可以看出，IDG、红杉、集富亚洲、深圳创新投、英特尔投资、海纳亚洲等是中国风险投资联合投资网络中的核心机构。知名的风险投资机构之间的联合投资项目数量较多，相互之间的联系紧密。而且，各种所有制类型的风险投资机构之间存在密切的联系，民营、外资和地方政府风险投资机构参与联合投资的次数最多。

第7章 结论与展望

本书在资料整理和社会调研的基础上，依托权威风险投资数据库，使用中国近30年的风险投资数据，从空间角度出发，采用回归分析和社会网络分析等方法，定性分析和定量研究相结合，分析了近30年来中国风险投资的空间格局变化及其影响因素，并通过实证研究验证了空间距离对中国风险投资空间决策的影响，分析了中国风险投资的联合投资网络。本章就研究得出的结论、研究的创新点进行了总结，并提出了研究的不足及对未来的相关研究做了展望。

7.1 研究结论

(1)中国风险投资的空间格局及影响因素

从长期来看，中国风险投资和投资事件的空间分布经历了从东部沿海向中部、西部逐步扩展的发展过程，从经济发达地区向欠发达地区逐渐蔓延。中国风险投资机构及投资事件的空间分布总体上呈现不均衡的空间分布格局，主要集中在中国的东部地区。东部沿海数量较多，分布集中，中西部地区数量较少，相对分散。风险投资机构与被投企业的分布在空间上存在高度一致性。长江三角洲、珠江三角洲和京津冀地区是风险投资机构及投资事件最为集中的三个核心地区，北京、上海和深圳三个城市风险投资集聚现象尤为突出。

从不同所有制风险投资机构的空间分布来看，本土风险投资机构的空间分布较为分散，外资风险投资机构高度集中于北京和上海，其中，上海外资风险投资机构数量多于北京；从不同所有制属性风险投资机构的投资范围来看，中央政府所属的风险投资机构、外资风险投资机构、民营风险投资机构和合资风险投资机构的投资范围较为广泛，而地方政府所属的风险投资机构出于服务当地经济发展的需要，投资明显集聚于本地。

风险投资的空间流动具有三个典型特征，即风险投资在经济发达地区之间频繁流动、从经济发达地区流向欠发达地区、投资的本地化。其中，北京、上海、深圳和天津的风险投资机构属于外向型，这些城市的风险投资有相当一部分流向区域外，而杭州、广州等省会城市的风险投资机构多属于内向型，以投资本地为主。

城市的创新能力、交通通达性、经济发展水平和产业结构、金融基础、制度和政策因素等都与风险投资机构和投资事件的空间分布高度相关。其中，制度和政策因素对风险投资空间格局的影响最为显著。

风险投资在北京、上海和深圳的集聚分布尤为突出。其中，北京是中国风险投资行业最大的集聚中心，上海第二，深圳第三。民营经济较为发达的江苏和浙江是风险投资机构较为集中的省份。省会城市是中国风险投资机构分布的区域性中心。

通过风险投资空间格局的国际比较发现，风险投资往往集聚于金融中心、高新技术集聚地、行政中心，或者是几个中心的结合体。相比之下，中国风险投资的集聚程度处于世界中等水平。从长期来看，中国风险投资行业的空间集聚态势总体上呈现从集聚向分散化的发展趋势，但未来的发展可能进一步集聚。

(2)风险投资机构和被投企业之间存在空间邻近性

从时间序列来看，中国风险投资机构与被投企业之间的年平均距离是由近到远，再回归近距离投资的变化规律。

不同所有制的风险投资机构与其被投企业之间的空间距离变化规律存在差异。其中，中央政府所属的风险投资机构与其被投企业之间的年平均距离最大，外资风险投资机构次之，地方政府所属的风险投资机构与其被投企业之间的年平均距离最小。这也说明，中央政府所属的风险投资机构和外资风险投资机构的远距离投资较多，而地方政府所属的风险投资机构的空间投资范围较小。从长期来看，中央政府所属的风险投资机构以及外资风险投资机构与其被投企业之间的年平均距离变化平缓，而地方政府风险投资机构和民营风险投资机构分别在 2005 年和 2002 年之后都呈现显著上升的趋势，这也说明地方政府所属的风险投资机构和民营风险投资机构投资的空间范围逐渐变大。

风险投资机构和 TMT 类被投企业之间的年平均距离基本小于风险投资机构和制造业被投企业的年平均距离。

对中国风险投资机构与被投企业之间空间邻近性的实证分析得出，随着空间距离的增加，投资达成的可能性降低。风险投资机构与被投企业之间空间距离与投资达成的可能性受风险投资机构的资本管理规模、所有制属性、交易规模的大小、被投企业的行业属性和发展阶段等因素影响。具体来讲，风险投资机构的资本管理规模大的风险投资机构投资过程中受距离制约程度低，中央政府所属的风险投资机构、外资风险投资机构投资过程中受距离限制程度低，而地方政府所属的风险投资机构受距离制约程度大。交易规模对空间距离对投资关系达成的影响呈倒“U”形。初创期的被投企业受空间距离的制约大，而成熟期的被投企业受距离的制约小。TMT 行业的被投企业比制造业类的被投企业受距离的限制小，这可能与中国存在多个高新技术创业企业和风险投资机构集聚区，跨区域投资现象较为普遍有关。

从长期来看，风险投资机构和被投企业之间的空间距离对投资可能性的影响程度逐渐降低。

(3)联合投资能够克服距离带来的障碍

中国风险投资机构和被投企业在空间上呈集聚的分布形态，而距离又是影响风险投资机构和被投企业之间投资行为能否达成的重要因素。在这个条件的制约下，风险投资机构的投资必然都集中在近距离范围内。然而，本书分析得出中国风险投资机构的远距离投资广泛存在。因此，本书研究验证了风险投资机构和被投企业之间的空间距离对联合投资的影响，得出结论如下。

随着风险投资机构和被投企业之间的空间距离的增加，联合投资可能性增大。风险投资的联合投资受多种因素影响，包括投资事件的交易规模、风险投资机构的管理资本量和所有制属性、被投企业的发展阶段和投资轮次等。具体来讲，投资事件的交易规模对联合投资的可能性呈倒“U”形，而管理资本对联合投资的可能性呈“U”形。外资风险投资机构联合投资的可能性更大。这主要是由于外资风险投资机构往往不是非常熟悉中国市场，联合投资能够降低投资风险。而地方政府所属的风险投资机构联合投资的可能性低，这主要是与地方政府所属的风险投资机构保护和发展地方经济的需求有关。处于初创阶段的被投企业，对资金的需求较少，联合投资的可能性小，成熟阶段的被投企业拥有完善的管理运行体制，对风险投资的需求往往是用于扩大企业规模，资金需求加大，往往需要联合投资才能满足其资金需求。

在联合投资中，与距离被投企业较近的当地风险投资机构的联合投资，可以解决空间距离带来的障碍。距离被投企业最近的风险投资机构在联合投资中发挥着重要作用。这主要是因为距离被投企业最近的风险投资机构比远距离的风险投资机构拥有更多本地资源，熟知被投企业信息，便于投资后的监管和服务。因此，风险投资机构更加倾向于与距离被投企业较近的风险投资机构联合投资。

(4)中国风险投资的联合投资网络

中国联合投资的城市网络呈不规则的“五角星”分布形态。东部沿海城市之间的联合投资网络的密集程度远远大于其他地区。特大城市之间的联合投资现象突出，发达地区和欠发达地区之间的联合投资现象极为微弱。

从联合投资城市网络的程度中心性可以看出，北京、上海和深圳都是联合投资城市网络中的位于第一层次的核心城市。杭州、苏州、南京、天津、广州可以被列为联合投资城市网络中的第二层次城市。宁波、长沙、武汉、常州、西安、成都、厦门、绍兴、郑州、青岛等城市可以被列为联合投资城市网络的第三层次城市。而济南、太原、南昌、长春等省会城市和一些地级市参与联合投资的程度较弱。

从分区域的联合投资城市网络可以看出，京津冀城市群主要的联合投资网络发生在北京与天津之间，两个城市和区域内其他城市之间的联合投资现象极为稀少；长三角城市群联合投资城市网络中，各个城市之间都存在较好的网络链接，上海与周边多个城市之间均存在较强的网络联系；珠三角城市群联合投资的城市网络中，深圳与广州之间存在较强的联合投资联系，两个城市与周边城市之间存在较多联合投资现象。就近合作是中国联合投资城市网络的重要特征。

从联合投资的机构网络可以看出，IDG、红杉、集富亚洲、深圳创新投、英特尔投资、海纳亚洲等是中国风险投资联合投资网络中的核心机构，这些风险投资机构联合投资的项目数量较多，相互之间联系紧密。不同所有制属性的风险投资机构之间存在密切的联系，其中，民营风险投资机构、外资风险投资机构和地方政府所属的风险投资机构之间的联合投资现象最为突出。

7.2 创新与展望

7.2.1 创新

(1)系统分析了中国风险投资空间格局的变化。从20世纪80年代开始，中国风险投资行业经历了大约30年的发展。本书选取了1998年、2003年、2008年和2013年四个时段，分别对风险投资机构和投资事件空间分布的变化进行了系统分析，得出中国风险投资机构及投资事件的空间分布从中国东部沿海向中部、西部逐步扩展的发展规律。中国风险投资行业空间分布的变化与中国经济发展的总体空间格局一致。一方面，良好的经济发展条件为风险投资的发展奠定了经济基础，另一方面，风险投资行业的发展也能够促进区域创新，推动区域经济发展。对风险投资空间格局变化的研究有助于掌握中国风险投资空间格局的变化规律，为风险投资行业提供理论依据，是国内金融地理学领域对风险投资研究的完善和补充。

(2)系统验证了空间距离对风险投资空间决策的影响。随着空间距离的增加，投资达成的可能性降低。对联合投资的研究发现，随着风险投资机构和被投企业之间的空间距离的增加，联合投资可能性增大。值得注意的是，与距离被投企业较近的当地风险投资机构的联合投资可以解决距离带来的障碍。

(3)系统分析了中国联合投资的空间网络形态。中国联合投资的城市网络呈不规则的“五角星”分布形态，东部沿海城市之间的联合投资网络的密集程度远远大于其他地区。长三角城市群之间联合投资城市网络的联系强度和连通性优于京津冀城市群和珠三角城市群。就近联合是风险投资联合投资的显著特征。

(4)紧密结合中国独特的制度环境，研究了不同所有制属性风险投资机构的空间分布特征和空间投资决策行为。外资风险投资机构、合资风险投资机构、民营风险投资机构和中央政府所属的风险投资机构投资范围较为广泛，而地方政府所属的风险投资机构出于服务当地经济发展的需要，投资明显集聚于本地。中央政府所属的风险投资机构和外资风险投资机构的远距离投资较多，而地方政府所属的风险投资机构的空间投资范围较小。外资投资机构更加倾向于联合投资。民营风险投资机构、外资风险投资机构和地方政府所属的风险投资机构之间的联合投资现象最为突出。

7.2.2 存在的问题

首先，影响风险投资空间投资决策的主观因素有待加强。风险投资过程是人为决策的过程，受决策者主观因素影响较大，但是本书研究主要从风险投资机构的属性和被投企业的属性等特征出发，分析空间距离对风险投资的空间决策的影响，缺乏对影响风险投资决策的主观因素的分析。

其次，研究指标未能使用投资额。投资额是量化风险投资行业的重要指标之一。但是由于风险投资行业的保密性，投资额的数据缺失较多。清科数据库虽然是国内比较权威、非常具有代表性的风险投资数据库，但是，数据库中仍有相当一部分投资事件的投资额信息未披露。因此，选取投资额作为指标可能会影响分析结果的客观性。因此，本书研究主要采用风险投资机构的数量和投资事件的数量作为研究指标。

随着创新在经济发展中的作用越来越突出，风险投资对区域经济发展的作用会变得更加突出。因此，建立更为完善的风险投资数据库将有利于开展更加全面、更加深入的研究。此外，在以后的研究中，风险投资的相关问题可以进一步深化，例如，风险投资对不同行业的空间投资行为是否存在差异、风险投资机构的主观因素如何影响风险投资的空间投资决策等。

参考文献

蔡莉，朱秀梅，孙开利，2004．我国风险投资区域聚类研究[J]．管理学报，01(02)：195-198，126．

陈工孟，蔡新颖，2009．中国风险投资发展的区域差异研究[J]．证券市场导报(05)：4-8．

陈永坚，2007．中国风险投资与私募股权[M]．上海：法律出版社．

陈友忠，刘曼红，廖俊霞，2011．中国创投 20 年[M]．北京：中国发展出版社．

陈治，张所地，2009．我国风险投资行业及区域分布特征研究[J]．商业时代(36)：83-84．

陈治，张所地．(2010)．中国风险投资分布现状及发展研究[J]．未来与发展(3)：11-15．

关志敏，2008．美国风险投资对我国的启示[J]．铜陵学院学报，7(1)：29-30，61．

贺灿飞，梁进社，张华，2005．北京市外资制造企业的区位分析[J]．地理学报，60(1)：122-130．

贺灿飞，魏后凯，2001．信息成本、集聚经济与中国外商投资区位[J]．中国工业经济(9)：38-45．

胡嘉莉，2010．深圳风险投资总额近 700 亿[N]．中华工商时报[2010-6-8]．

嵇玲竹，2007．我国风险投资区域集聚及其影响因素研究[D]．杭州：浙江大学．

李成，黄顺绪，毛娜，2007．我国风险投资：政府主导型制度供给与环境约束[J]．河南金融管理干部学院学报，25(1)：120-123．

李小建，周雄飞，卫春江，等，2006．发展中地区银行业空间系统变化——以河南省为例[J]．地理学报，61(4)：414-424．

李志萍，罗国锋，龙丹，等，2014．风险投资的地理亲近：对中国风险投资的实证研究[J]．管理科学，27(3)：124-132．

梁进社，2008．经济地理学的九大原理[J]．地理研究，27(1)：75-84．

梁进社，2009．地理学的十四大原理[J]．地理科学，29(3)：307-315．

林先扬，陈忠暖，2004．大珠江三角洲城市群经济整合机制与模式研究[J]．华南师范大学学报(自然科学版)(1)：122-128．

林彰平，闫小培，2007．广州市金融机构微观集聚案例[J]．经济地理，27(1)：84-88．

刘志阳，葛倩倩，2009．创业投资网络研究综述[J]．经济社会体制比较(03)：180-185．

刘志阳，江晓东，2010．我国创业投资网络绩效研究[J]．财经研究，36(6)：58-68．

罗国锋，2012．中国风险投资透视[M]．北京：经济管理出版社．

罗家德，2010．社会网分析讲义[M]．北京：社会科学文献出版社．

罗立宁，石聪，2013．股权融资和债券融资优劣比较[J]．现代商业(26)：182．

罗明忠，苏启林，2004．政府介入风险投资的经验教训[J]．南方金融(5)：44-46．

罗清和，许新华，2003．深圳风险投资发展新思考[J]．深圳大学学报(人文社会科学版)，20(6)：18-21．

潘峰华，赖志勇，葛岳静，2015．经贸视角下中国周边地缘环境分析——基于社会网络分析方法[J]．地理研究，34(4)：775-786．

潘峰华，刘作丽，夏亚博等，2013a．中国上市企业总部的区位分布和集聚特征[J]．地理研究，32(09)：

1721-1736.

潘峰华,夏亚博,刘作丽,2013b. 区域视角下中国上市企业总部的迁址研究[J]. 地理学报,68(4):449-463.

潘峰华,夏亚博,徐晓红,2014a. 中国企业赴新加坡上市格局的演变[J]. 世界地理研究(1):140-150.

潘峰华,徐晓红,夏亚博,等,2014b. 境外金融地理学研究进展及启示[J]. 地理科学进展,33(09):1231-1240.

潘庆华,达庆利,2006. 创业投资公司联合投资的动因及合作策略的选择[J]. 经济问题探索(04):63-68.

彭宝玉,李小建,郭扬,2008. 河南省银行业发展格局及其与区域经济发展关系研究[J]. 地域研究与开发,27(4):31-35.

祁斌,2010. 理解资本市场——资本市场:中国经济的锋刃[M]. 北京:中信出版社.

祁斌,2012. 未来十年:中国经济的转型与突破[M]. 北京:中信出版社.

乔希·勒纳(Josh Lerner),安·利蒙(Ann Leamon),费尔达·哈迪蒙(Felda Hardymon),2015. 风险投资、私募股权与创业融资(Venture Capital,Private Equity,and the Financing of Enterpreneurship)[M]. 路跃兵,刘晋泽译. 北京:清华大学出版社.

清科创业投资研究中心,2005. 2004 中国创业投资全面复苏——Zero2ipo 清科创业投资研究中心[J]. 科技创业(1):27-29.

邱娟,2012. 中国风险投资的城市分布与网络体系研究[D]. 上海:华东师范大学.

邵同尧,潘彦,2011. 风险投资、研发投入与区域创新——基于商标的省级面板研究[J]. 科学学研究,29(5):793-800.

田芸菁,2012. 我国风险投资区域聚集效应及其环境支持因素研究[D]. 上海:复旦大学.

汪明峰,魏也华,邱娟,2014. 中国风险投资活动的空间集聚与城市网络[J]. 财经研究,40(4):117-131.

王建梅,王筱萍,2011. 风险投资促进我国技术创新的实证研究[J]. 科技进步与对策,28(8):24-27.

王曦,党兴华,2013. 风险投资机构本地偏好影响因素研究——基于中国风险投资业证据[J]. 科技进步与对策,30(22):6-10.

王玉荣,邓智,张皓博,2012. 风险资本集聚与区域创新的关系——基于投资行业分布的视角[J]. 技术经济,31(7):73-79.

王育晓,2013. 风险投资机构间的资源互补与联合投资的形成[J]. 西安工业大学学报,33(9):724-730.

魏建国,2000. 从中创公司的失败谈建立我国的风险投资机制[J]. 武汉工业大学学报,22(1):90-92.

吴超鹏,吴世农,程静雅,等,2012. 风险投资对上市公司投融资行为影响的实证研究[J]. 经济研究,(01):105-119,160.

吴成林,2011. 风险投资的区域经济发展效应研究[D]. 成都:西南财经大学.

武前波,宁越敏,2012. 中国城市空间网络分析——基于电子信息企业生产网络视角[J]. 地理研究,31(2):207-219.

武巍,刘卫东,刘毅,2007. 中国地区银行业金融系统的区域差异[J]. 地理学报,62(12):1235-1243.

谢碧琼,2008. 风险投资与我国区域经济增长的实证研究[D]. 杭州:浙江大学.

谢润邦,胡美林,2006. 风险资本的集聚对高新技术产业集群发展的影响分析[J]. 湖南大学学报(社会科学版),20(2):70-73.

徐梦周,蔡宁,2011. 联合投资网络、中心性与创投机构绩效——基于 IDGVC 的探索式研究[J]. 重庆大学学报(社会科学版),17(1):54-61.

徐晓红,潘峰华,夏亚博,等,2016.空间视角下国外风险投资的研究进展及启示[J].地域研究与开发,35(2):12-18.

徐宜青,潘峰华,江小雨,等,2016.北京市风险投资的空间分布与合作网络研究[J].地理科学进展,35(3):358-367.

徐勇,宋罡,贾键涛,2012.风险投资、技术创新与经济增长[J].中大管理研究(03):114-127.

袁新敏,2012.风险投资空间行为研究:文献综述与启示[J].中国科技论坛(8):64-69.

岳虹辰,2001.从美国硅谷的经验看我国风险投资的发展[J].地域研究与开发,20(4):14-17.

曾刚,司月芳,2008.上海陆家嘴金融产业集群发展研究[J].地域研究与开发,27(3):39-43.

张凤梅,李雪丽,潘峰华,2015.内地企业香港上市的特征及影响因素[J].热带地理,35(6):842-851.

张海燕,2015.风险投资空间行为研究[D].上海:华东师范大学.

张海燕,袁新敏,沈玉芳,2012.风险投资空间行为研究动态与展望[J].科技进步与对策,29(11):151-155.

张琦,2014.清科观察:上市公司并购六大看点乐与PE"拉帮结伙"[J].杭州金融研修学院学报(01):55-56.

张炜东,2009.政府引导型风险投资机构建设的调查与思考[J].中国证券期货(08):30-31.

张学勇,廖理,2011.风险投资背景与公司IPO:市场表现与内在机理[J].经济研究(06):118-132.

赵静梅,吴风云,罗梅,2012.投资决策中地区偏好与地区规避的实证研究[J].投资研究,31(01):123-141.

赵晓斌,王坦,张晋熹,2002.信息流和不对称信息是金融与服务中心发展的决定因素:中国案例[J].经济地理,22(4):408-414.

郑蔚,梁进社,2006.具有行业和区域特征的中国创新活动模型[J].经济地理,26(6):922-925.

周伶,山峻,张津,2014.联合投资网络位置对投资绩效的影响——来自风险投资的实证研究[J].管理评论,26(12):160-169,181.

周炜,2011.解读私募股权基金[M].北京:机械工业出版社.

左志刚,2011.政府干预风险投资的有效性:经验证据及启示[J].财经研究,37(5):123-133.

Aernoudt R,1999. European policy towards venture capital:myth or reality? [J]. Venture Capital:An International Journal of Entrepreneurial Finance,1(1):47-58.

Ahlstrom D,Bruton G D,Yeh K S,2007. Venture capital in China:Past,present,and future[J]. Asia Pacific Journal of Management,24(3):247-268.

Aizenman J,Kendall J,2008. The internationalization of venture capital and private equity[Z]. NBER Working Paper Series,14344.

AminA,Thrift N,2000. What kind of economic theory for what kind of economic geography? [J]. Antipode,32(1):4-9.

Bruton G D,Ahlstrom D,2003. An institutional view of China's venture capital industry:explaining the differences between China and the West[J]. Journal of Business Venturing,18(2):233-259.

Bruton D,Dattani M,Fung M,et al,1999. Private equity in China:Differences and similarities with the Western Model[J]. The Journal of Private Equity,2(2):7-13.

Chen H, Gompers P, Kovner A, et al, 2010. Buy local? The geography of venture capital[J]. Journal of Urban Economics, 67(1):90-102.

Cochrane J H, 2005. The risk and return of venture capital[J]. Journal of Financial Economics, 75(1): 3-52.

Coe N M, Dicken P, Hess M, et al, 2010. Making connections: Global production networks and world city networks[J]. Global Networks, 10(1):138-149.

Cumming D, Dai N, 2010. Local bias in venture capital investments[J]. Journal of Empirical Finance, 17(3):362-380.

De Clercq D, Dimov D, 2004. Explaining venture capital firms'syndication behaviour: A longitudinal study [J]. Venture Capital: An International Journal of Entrepreneurial Finance, 6(4):243-256.

Dossani R, Kenney M, 2002. Creating an environment for venture capital in India [J]. World Development, 30(2):227-253.

Engelen E, Faulconbridge J, 2009. Introduction: financial geographies-the credit crisis as an opportunity to catch economic geography's next boat? [J]. Journal of Economic Geography, 9(5):587-595.

Florida R L, Kenney M, 1988a. Venture capital, high technology and regional development[J]. Regional Studies, 22(1):33-48.

Florida R L, Kenney M, 1988b. Venture capital-financed innovation and technological change in the USA[J]. Research Policy, 17(3):119-137.

Florida R, Smith D F, 1993. Venture capital formation, investment and regional industrialisation[J]. Annals of the Association Geographers, 83(3):434-451.

French S, Leyshon A, Wainwright T, 2011. Financializing space, spacing financialization[J]. Progress in Human Geography, 35(6):798-819.

Fritsch M, Schilder D, 2008. Does venture capital investment really require spatial proximity? An empirical investigation[J]. Environment and Planning A, 40(9):2114-2131.

Fritsch M, Schilder D, 2012. The regional supply of venture capital: Can syndication overcome bottlenecks? [J]. Economic Geography, 88(1):59-76.

Gertler M S, 1995. "Being there": Proximity, organization, and culture in the development and adoption of advanced manufacturing technologies[J]. Economic geography, 71(1):1-26.

Gertler M S, 2003. Tacit knowledge and the economic geography of context, or the undefinable tacitness of being(there)[J]. Journal of Economic Geography, 3(1):75-99.

Gompers P, Lerner J, 2001. The venture capital revolution[J]. Journal of Economic Perspectives, 15(2): 145-168.

Gorman M, Sahlman W A, 1989. What do venture capitalists do? [J]. Journal of Business Venturing, 4(4):231-248.

Griffith T L, Yam P J, Subramaniam S, 2007. Silicon Valley's one-hour' distance rule and managing return on location[J]. Venture Capital, 9(2):85-106.

Gupta A K , Sapienza H J, 1992. Determinants of venture capital firms' preferences regarding the industry diversity and geographic scope of their investments[J]. Journal of Business Venturing, 7(5):347-362.

Hochberg Y V,Ljungqvist A,Lu Y,2007. Whom you know matters:venture capital networks and investment performance[J]. The Journal of Finance,62(1):251-301.

Jeng L A,Wells P C,2000. The determinants of venture capital funding:Evidence across countries[J]. Journal of Corporate Finance,6(3):241-289.

Jones A,2009. Proximity and power within investment relationships:The case of the UK private equity industry[J]. Geoforum,40(5):809-819.

Kambil A,Long V W,Kwan C,2006. The seven disciplines for venturing in China[J]. MIT Sloan Management Review,47(2):85-89.

Kaplan S,Schoar A,2003. Private equity returns:Persistence and capital flows[Z]. Unpublished working paper,University of Chicago.

Klagge B,Martin R,2005. Decentralized versus centralized financial systems:Is there a case for local capital markets? [J]. Journal of Economic Geography(5):387-421.

Leinbach T R,Amrhein C,1987. A geography of the venture capital industry in the U. S. [J]. The Professional Geographer,39(2):146-158.

Lerner J,1994. The syndication of venture capital investments[J]. Financial Management:16-27.

Lerner J,1999. The government as venture capitalist:The long-run impact of the SBIR program[J]. The Journal of Business,72(3):285-318.

Lindgaard Christensen J,2007. The development of geographical specialization of venture capital[J]. European Planning Studies,15(6):817-833.

Liu X,Derudder B,Witlox F,et al,2014. Cities as networks within networks of cities:The evolution of the city/firm-duality in the world city network,2000-2010[J]. Tijdschrift voor economische en sociale-geografie,105(4):465-482.

Ljungqvist A,Marston F,Wilhelm W J,2009. Scaling the hierarchy:How and why investment banks compete for syndicate co-management appointments[J]. Review of Financial Studies,22(10):3977-4007.

Lutz E,Bender M,Achleitner A,et al,2013. Importance of spatial proximity between venture capital investors and investees in Germany[J]. Journal of Business Research,66(11):2346-2354.

Mäkelä M M,Maula M V,2008. Attracting cross-border venture capital:The role of a local investor[J]. Entrepreneurship and Regional Development,20(3):237-257.

Malecki E J,2002. Hard and soft networks for urban competitiveness[J]. Urban Studies,39(5-6):929-945.

Martin R,1989. The growth and geographical anatomy of venture capitalism in the United Kingdom[J]. Regional Studies,23(5):389-403.

Martin R,2011. The local geographies of the financial crisis:From the housing bubble to economic recession and beyond[J]. Journal of Economic Geography,11(4):587-618.

Martin R,Sunley P,Turner D,2002. Taking risks in regions:The geographical anatomy of Europe's emerging venture capital market[J]. Journal of Economic Geography,2(2):121-150.

Martin R,Berndt C,Klagge B,et al,2005. Spatial proximity effects and regional equity gaps in the venture capital market:evidence from Germany and the United Kingdom[J]. Environment and Planning A,37

(7):1207-1231.

Mason C,Harrison R,1992. The supply of equity finance in the UK:A strategy for closing the equity gap [J]. Entrepreneurship & Regional Development,4(4):357-380.

Mason C M,Harrison R T,1995. Closing the regional equity capital gap:The role of informal venture capital[J]. Small Business Economics,7(2):153-172.

Mason C M,Harrison R T,2001. "investment readiness":A critique of government proposals to increase the demand for venture capital[J]. Regional Studies,35(7):663-668.

Mason C M,Harrison R T,2002. The geography of venture capital investments in the UK[J]. Transactions of the Institute of British Geographers,27(4):427-451.

Mason C,Harrison R,2003. Closing the regional equity gap? A critique of the department of trade and industry's regional venture capital funds initiative[J]. Regional Studies,37(8):855-868.

Mason C,Pierrakis Y,2013. Venture capital,the regions and public policy:The United Kingdom since the post-2000 technology crash[J]. Regional Studies,47(7):1156-1171.

McNaughton R B,Green M B,1989. Spatial patterns of Canadian venture capital investment[J]. Regional Studies,23(1):9-18.

Megginson W L,2004. Toward a global model of venture capital? [J]. Journal of Applied Corporate Finance,16(1):89-107.

Meuleman M,Wright M,2011. Cross-border private equity syndication:Institutional context and learning [J]. Journal of Business Venturing,26(1):35-48.

Murray G C,2010. A policy response to regional disparities in the supply of risk capital to new technology-based firms in the European Union: the European seed capital fund scheme[J]. Regional Study, 32(5):405-419.

Norton R D,2001. Creating the new economy: The entrepreneur and the US resurgence[M]. Cheltenham, Edward Elgar Pub.

Pan F,Brooker D,2014a. Going global? Examining the geography of Chinese firms' overseas listings on international stock exchanges[J]. Geoforum(52):1-11.

Pan F,Xia Y,2014b. Location and agglomeration of headquarters of publicly listed firms within China's urban system[J]. Urban Geography,35(5):757-779.

Peng M W,2001. How entrepreneurs create wealth in transition economies[J]. The Academy of Management Executive,15(1):95-108.

Peng M W,Heath P S,1996. The growth of the firm in planned economies in transition:Institutions,organizations,and strategic choice[J]. Academy of Management Review,21(2):492-528.

Pike A,2006. "Shareholder value" versus the regions:the closure of the Vaux Brewery in Sunderland[J]. Journal of Economic Geography,6(2):201-222.

Pike A,Pollard J,2010. Economic Geographies of financialization[J]. Economic Geography,86(1):29-51.

Pollard J,2013. Gendering capital financial crisis,financialization and(an agenda for)economic geography [J]. Progress in Human Geography,37(3):403-423.

Powell W W,Koput K W,Bowie J I,et al,2002. The spatial clustering of science and capital: Accounting for biotech firm-venture capital relationships[J]. Regional Studies, 36(3): 291-305.

Pukthuanthong K, Walker T, 2007. Venture capital in China: A culture shock for western investors[J]. Management Decision, 45(4): 708-731.

Sapienza H J, Manigart S, Vermeir W, 1996. Venture capitalist governance and value added in four countries[J]. Journal of Business Venturing, 11(6): 439-469.

Saxenian A, 1991. The origins and dynamics of production networks in Silicon Valley[J]. Research Policy, 20(5): 423-437.

Saxenian A, Sabel C, 2008. Roepke lecture in economic geography venture capital in the "periphery": The new argonauts, global search, and local institution building[J]. Economic Geography, 84(4): 379-394.

SchertlerA, Tykvová T, 2011. Venture capital and internationalization [J]. International Business Review, 20(4): 423-439.

Schertler A, Tykvová T, 2012. What lures cross-border venture capital inflows? [J]. Journal of International Money and Finance, 31(6): 1777-1799.

Sorenson O, Stuart T E, 2001. Syndication networks and the spatial distribution of venture capital investments[J]. American Journal of Sociology, 106(6): 1546-88.

Sorenson O, Stuart T E, 2008. Bringing the context back in: Settings and the search for syndicate partners in venture capital investment networks[J]. Administrative Science Quarterly, 53(2): 266-294.

Storper M, Venables A J, 2004. Buzz: face-to-face contact and the urban economy [J]. Economic Geography, 4(4): 351-370.

Sunley P, Klagge B, Berndt C, et al, 2005. Venture capital programmes in the UK and Germany: In what sense regional policies? [J]. Regional Studies, 39(2): 255-273.

Thompson C, 1989. The geography of venture capital[J]. Progress in Human Geography, 13(1): 62-98.

Tykvová T, Schertler A, 2011. Cross-border venture capital flows and local ties: Evidence from developed countries[J]. The Quarterly Review of Economics and Finance, 51(1): 36-48.

Tykvová T, Schertler A, 2014. Does syndication with local venture capitalists moderate the effects of geographical and institutional distance? [J]. Journal of International Management, 20(4): 406-420.

van Hulten A, 2012. Remapping the fiscal state after the global financial crisis[J]. Economic Geography, 88(3): 231-253.

Wang L, Wang S, 2011. Cross-border venture capital performance: Evidence from China[J]. Pacific-Basin Finance Journal, 19(1): 71-97.

Wang L, Wang S, 2012. Economic freedom and cross-border venture capital performance[J]. Journal of Empirical Finance, 19(1): 26-50.

White S, Gao J, Zhang W, 2005. Financing new ventures in China: System antecedents and institutionalization[J]. Research Policy, 34(6): 894-913.

Wray F, 2012a. Rethinking the venture capital industry: Relational geographies and impacts of venture capitalists in two UK regions[J]. Journal of Economic Geography, 12(1): 297-319.

Wray F, 2012b. Rethinking venture capital in economic geographical research [J]. Geography Compass, 6(10): 589-601.

Wright M,2007. Venture capital in China:A view from Europe[J]. Asia Pacific Journal of Management,24(3):269-281.

Wright M,Lockett A,2003. The structure and management of alliances:Syndication in the venture capital industry[J]. Journal of Management Studies,40(8):2073-2102.

Wright M,Pruthi S,Lockett A,2005. International venture capital research:From cross-country comparisons to crossing borders[J]. International Journal of Management Reviews,7(3):135-165.

Zademach H,2009. Global finance and the development of regional clusters:Tracing paths in Munich's film and TV industry[J]. Journal of Economic Geography,9(5):697-722.

Zhang J,2011. The spatial dynamics of globalizing venture capital in China[J]. Environment and Planning-Part A,43(7):1562-1580.

Zook M A,2002. Grounded capital:Venture financing and the geography of the internet industry,1994-2000[J]. Journal of Economic Geography,2(2):151-177.

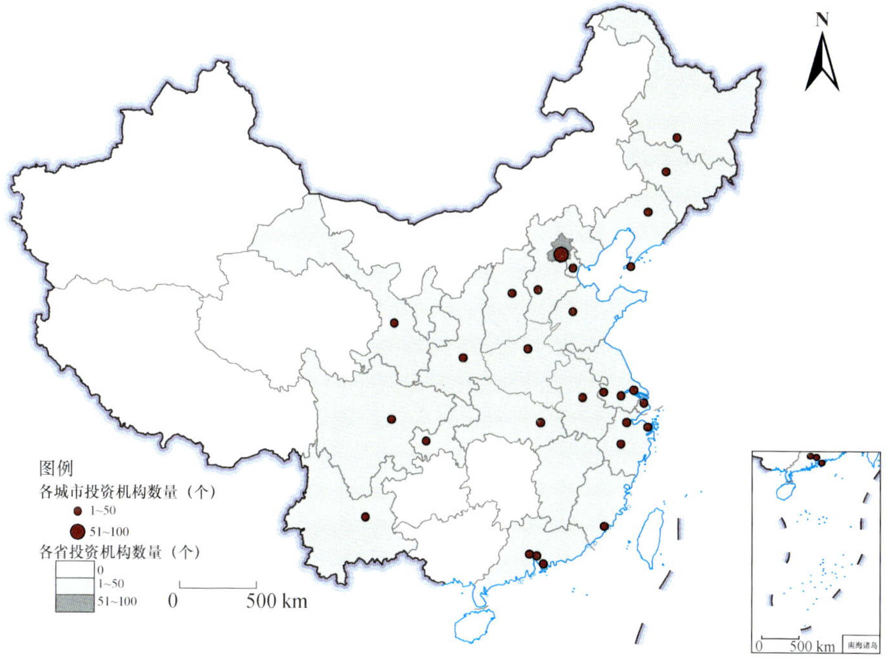

图 3.1　截至 1998 年中国风险投资机构的空间分布

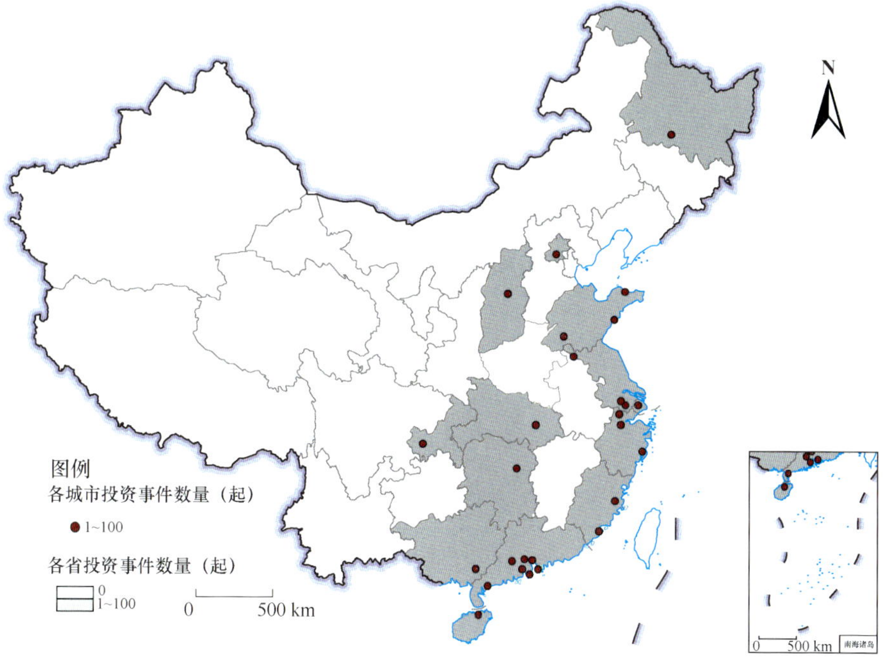

图 3.2　截至 1998 年中国投资事件的空间分布

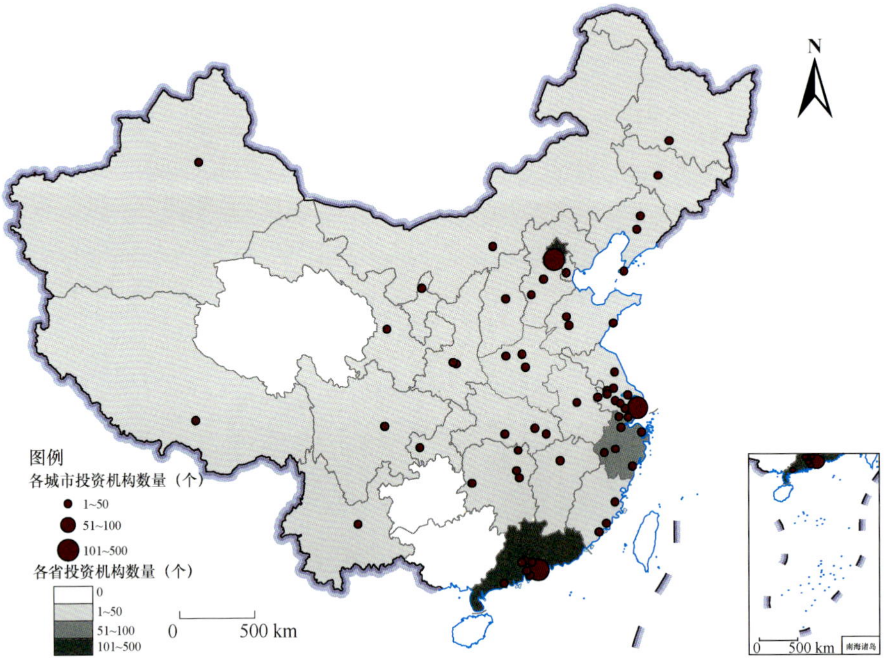

图 3.3　截至 2003 年中国风险投资机构的空间分布

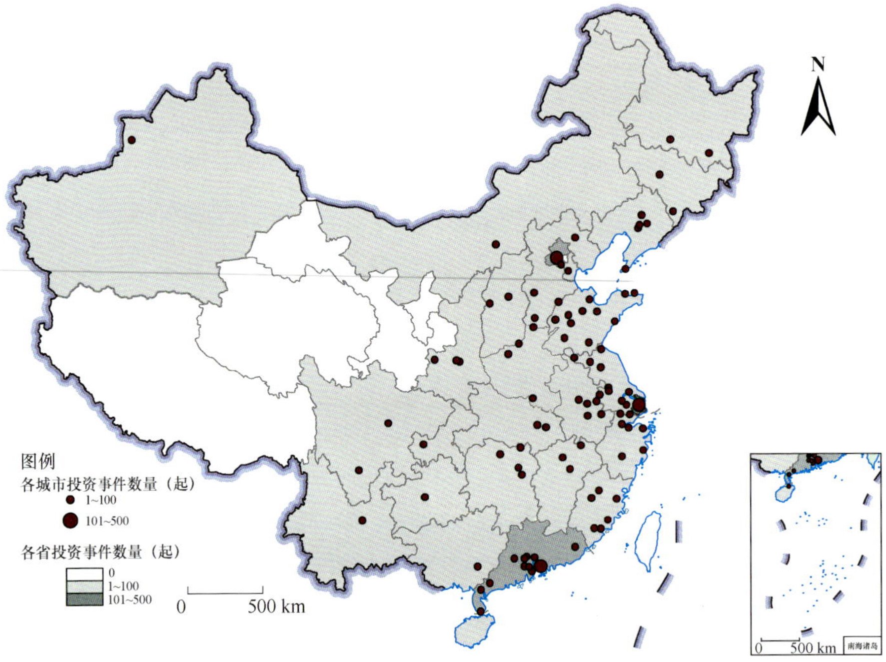

图 3.4　截至 2003 年中国风险投资事件的空间分布

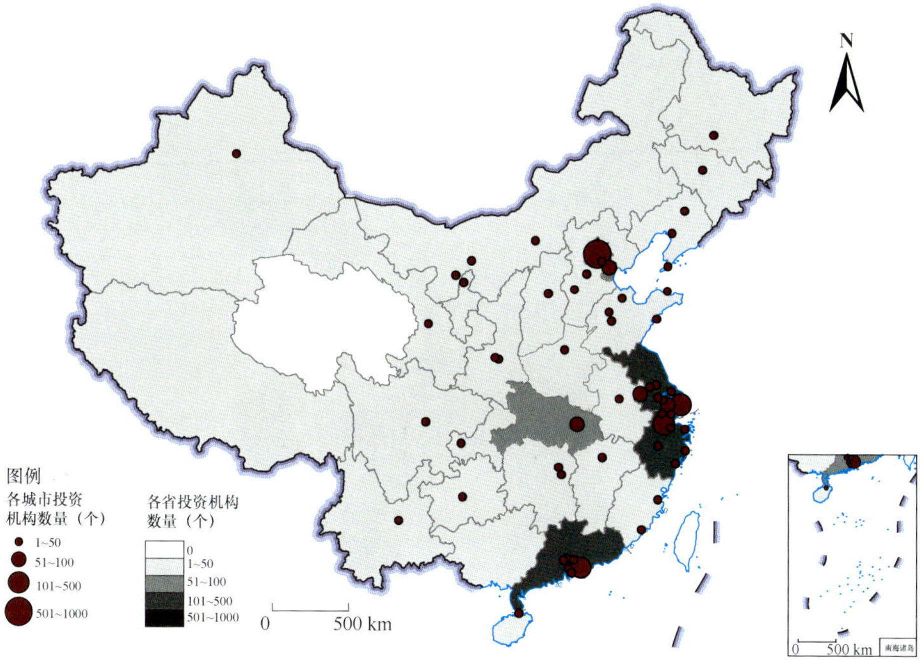

图 3.5　截至 2008 年中国风险投资机构的空间分布

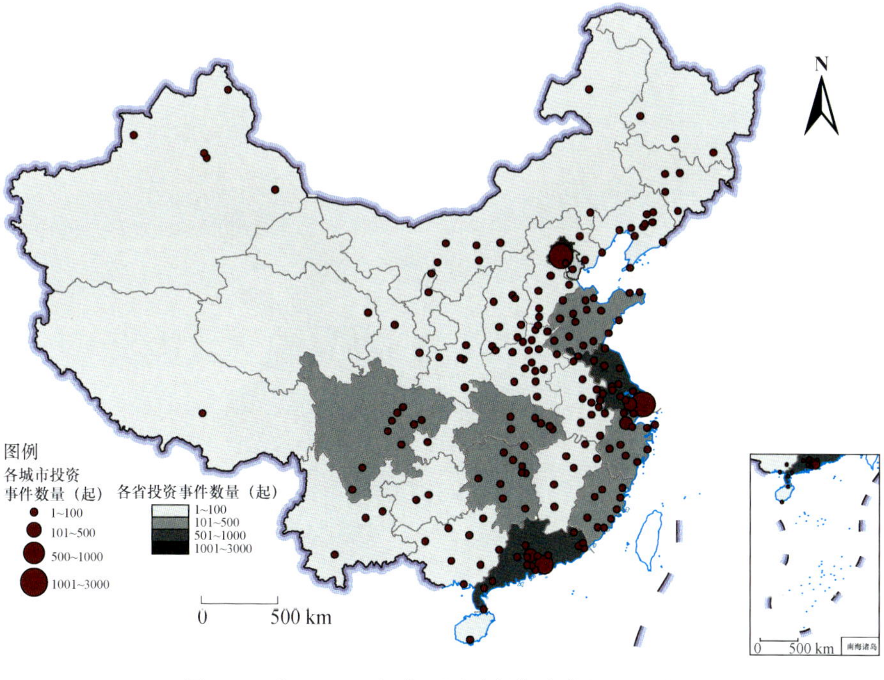

图 3.6　截至 2008 年中国风险投资事件的空间分布

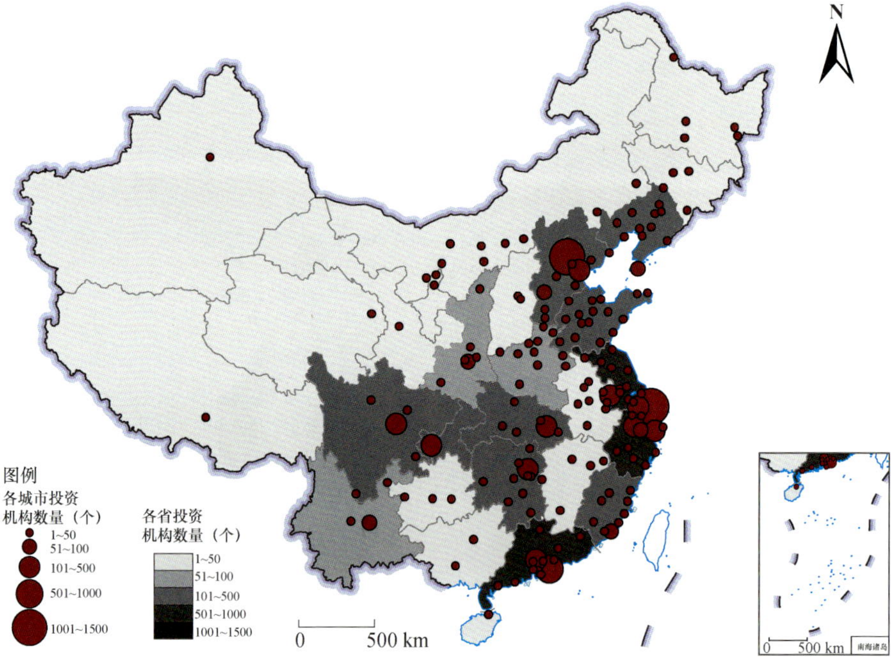

图 3.7　截至 2013 年中国风险投资机构的空间分布

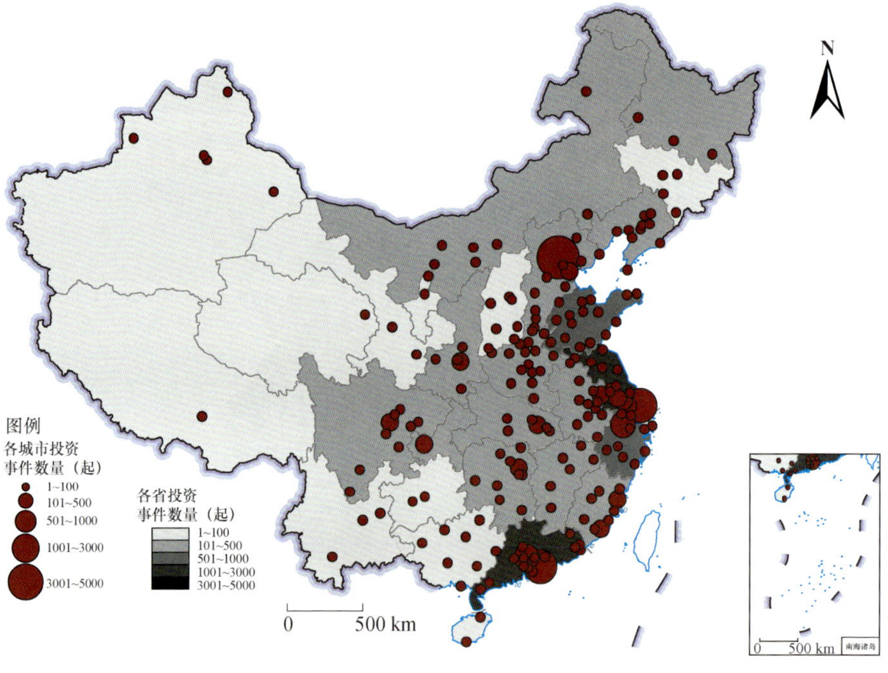

图 3.8　截至 2013 年中国风险投资事件的空间分布

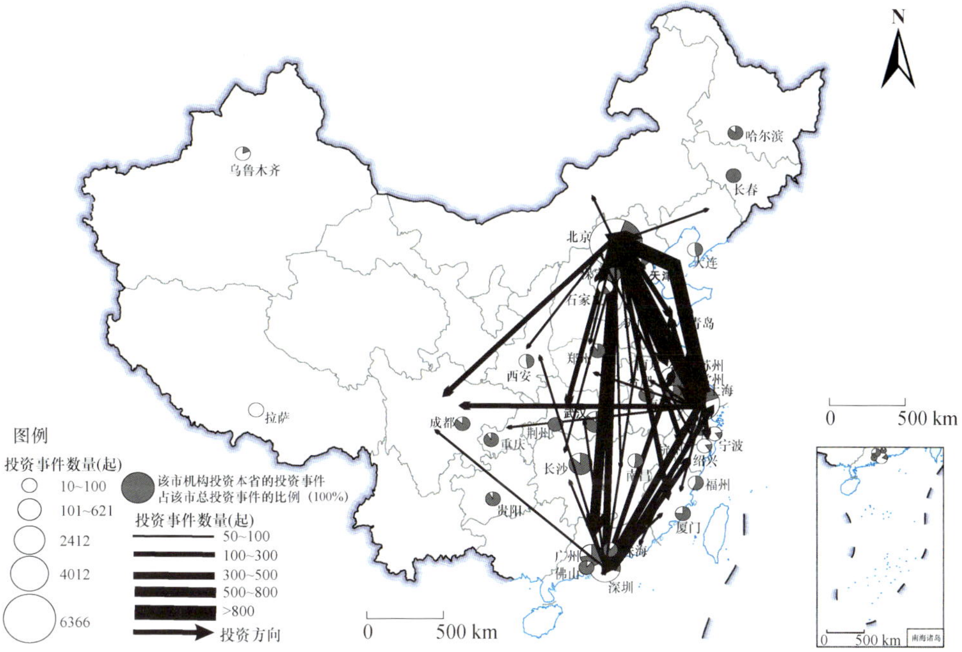

图 3.9 截至 2013 年风险投资机构投资的空间流向

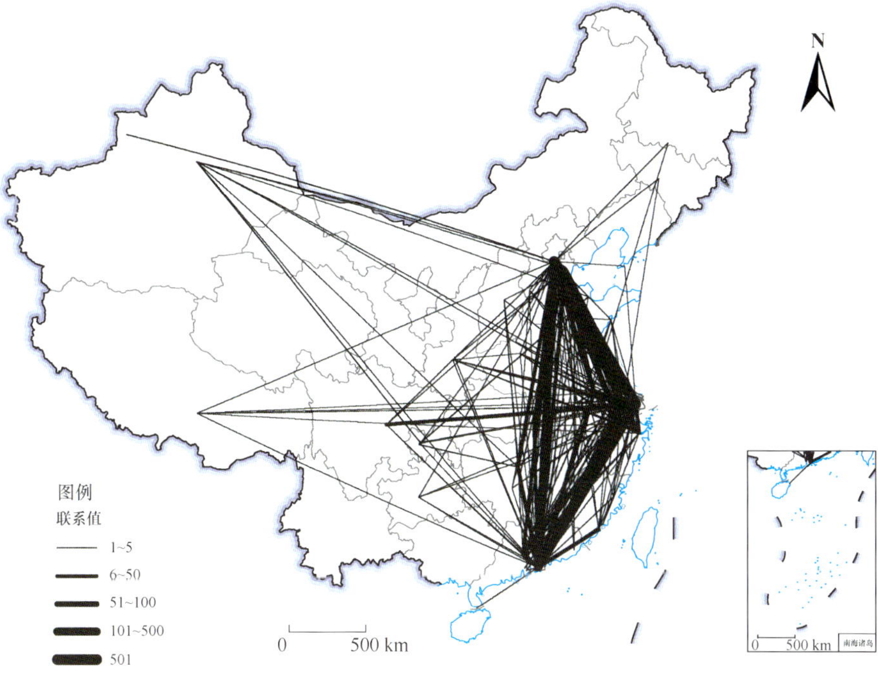

图 6.2 中国联合投资的城市网络